本成果受到重庆工商大学商科学术研究国际化促进计划、重庆工商大学专著出版基金资助，本成果为教育部人文社会科学重点研究基地重庆工商大学长江上游经济研究中心的科研成果

我国工业用地市场化配置的经济效应研究

张　充　著

中国财经出版传媒集团
中国财政经济出版社

图书在版编目（CIP）数据

我国工业用地市场化配置的经济效应研究 / 张充著. -- 北京：中国财政经济出版社，2022. 5
ISBN 978 -7 -5223 -1261 -3

Ⅰ. ①我… Ⅱ. ①张… Ⅲ. ①工业用地－市场配置－经济效果－研究－中国－2007－2014 Ⅳ. ①F429. 9

中国版本图书馆 CIP 数据核字（2022）第 048625 号

责任编辑：杨合坤 高树花　　责任印制：史大鹏
封面设计：卜建辰　　责任校对：徐艳丽

中国财政经济出版社 出版
URL：http：//www. cfeph. cn
E－mail：cfeph@ cfeph. cn

社址：北京市海淀区阜成路甲 28 号 邮政编码：100142
营销中心电话：010－88191522
天猫网店：中国财政经济出版社旗舰店
网址：https：//zgczjjcbs. tmall. com
北京财经印刷厂印刷 各地新华书店经销
成品尺寸：170mm×240mm 16 开 13 印张 200 000 字
2022 年 5 月第 1 版 2022 年 5 月北京第 1 次印刷
定价：68. 00 元
ISBN 978 -7 -5223 -1261 -3
（图书出现印装问题，本社负责调换，电话：010－88190548）
本社质量投诉电话：010－88190744
打击盗版举报热线：010－88191661 QQ：2242791300

前　言

中国改革开放的过程是市场在资源配置中的作用不断加强的过程，经历了从“市场在资源配置中的辅助性作用”到“市场在资源配置中起决定性作用”的逐渐转变的历程。但在经济体制改革中，政府干预经济依旧是一个普遍的现象。政府干预经济运行，一方面，基于提高企业效率或社会效益，起到“扶助之手”的作用；另一方面，地方政府对经济的干预有很大的自由裁量权，且有很大的寻租空间，因此有些政府干预可能是寻租的结果，存在“掠夺之手”的作用。中国特有的土地公有制，为政府在土地领域的干预提供了肥沃的土壤。有关政府干预的文献大多集中在科技补贴、能源许可证和企业所有制性质领域，但是对于体量巨大、影响深远的土地市场中的政府干预有所忽视。

在土地出让领域，地方政府干预的能力非常强大。随着工业化和城镇化释放需求，土地成为地区关键性的生产资料，土地也成为政府干预最重要的领域之一。在土地出让层面，政府干预出让的手段有两种：一是控制土地供应量；二是人为选择出让方式。以往文献大多关注土地供应总量，对出让方式的关注较少。从现实情况来看，由于土地用途管制制度和严格的保护耕地制度，土地供应量可能并不是其干预地方经济的主要手段，而土地出让方式却是地方政府干预经济的最重要手段。

根据政府干预程度，土地出让方式分为两大类，强干预和弱干预。招标、拍卖属于政府弱干预的出让方式，总体价格较高；划拨、协议、挂牌出让属于政府强干预的一种出让方式，总体价格较低。大部分土地被以划拨、协议和挂牌出让的方式低价出让，这也是隐形的地价补贴。土地出让方式造成的干预几乎不受任何监督和限制。这种干预性的财政补贴不在政府一般公共预算内也不在政府性基金内，甚至不在任何政府账本内，其监督和限制机制属于真空状态。政府对企业的投资的低价供地行为，可以使得企业在项目运营结束后以市场价格出售土地获取额外的投资收益。因此，大部分土地被以政府强干预的方式（特别是挂牌的方式）低价出让。

结合上述研究背景，本书聚焦于工业用地的配置方式，即工业用地低市场化方式出让（划拨、协议和挂牌）的面积占工业用地出让总面积的比重，利用 2007~2014 年的 130 万余宗土地出让数据构建了中国土地出让数据库，采用政府干预的视角研究工业用地的配置，结合“扶助之手”理论和“掠夺之手”理论，实证研究了其经济影响。本书主要做了如下六点工作：

第一，以政府干预的视角分析工业用地出让方式的结构。首先，我们结合“市场在资源配置中的作用不断加强”“土地出让在经济运行和财政体制中的地位日益加强”“政府干预广泛存在于土地领域”“土地出让方式成为政府实质性干预土地出让的重要手段”和“政府认为现行土地出让制度符合市场原则”的大背景，提出本文研究的核心问题：工业用地出让方式的结构。其次，回顾了土地出让方式和土地用途的背景。最后，根据市场化性质对工业用地出让方式进行分类，特别是根据“程序分析”“趋势解析”“人员采访”“案例解读”和“文献佐证”的方式确定了挂牌出让的高政府干预特征，将“划拨”“协议”和“挂牌”划分为低市场化出让方式，将“招标”和“拍卖”划分为高市场化出让，明确了工业用地出让方式结构的“政府干预”研究视角。

第二，展现工业用地出让方式结构的现状与趋势。首先，文章展示了在全国层面工业用地划拨、协议、挂牌、招标和拍卖出让的规模与结构，并进行了综合对比；其次，文章展示了在全国层面工业用地高市场化出让和低市场化出让的规模与结构，并进行了综合对比；最后，文章展示了在地区层面和省级行政单位层面工业用地出让方式的规模与结构。

第三，通过实证分析，检验了工业用地出让方式对经济发展的影响。我们得出如下三点结论：

(1) 工业用地的低市场化出让对财政收入有抑制效应。通过工业用地低市场化出让的比例对财政收入影响的研究发现：首先，工业用地的低市场化出让比例在短期对一般公共预算收入没有显著影响，但是在当期、中期和长期会对一般公共预算收入产生显著的抑制效应。其次，工业用地低市场化出让的对税收收入，无论在当期、短期、中期还是长期，都有显著的抑制效应。最后，工业用地的低市场化出让比例在当期和短期对企业所得税收入没有显著影响，但是在中期和长期会对企业所得税收入产生显著的抑制效应。

(2) 工业用地的低市场化出让对经济增速度长有抑制效应。通过工业用地的低市场化出让的比例对GDP增长速度影响的研究发现：首先，工业用地的低市场化出让比例在当期、短期和中期对GDP增长速度没有显著影响，但是在长期会对GDP增长速度产生显著的抑制效应。其次，工业用地的低市场化出让比例在当期和短期对工业总产值没有显著影响，但是在中期和长期会对工业总产值产生显著的抑制效应。再次，工业用地的低市场化出让比例在当期、短期中期和长期对非房地产固定资产投资都有显著抑制作用。最后，工业用地的低市场化出让比例在当期、短期、中期和长期对就业都没有显著影响。

(3) 工业用地的低市场化出让对经济增长质量有明显的抑制效应。通过工业用地的低市场化出让的比例对城市资源配置影响的研究发现：首先，工业用地出让方式对资源配置效率在短期和中期都没有显著影响，但是在长期来看，其显著抑制了资源配置效率；其次，地理禀赋会显著影响全要素生产率，离大港口的距离越近，城市的全要素生产率越高；再次，由于地理禀赋的外部性，在地理禀赋较差的地方，提高工业用地低市场化出让的比例反而促进了全要素生产率的提高；最后，工业用地出让方式对全要素生产率的影响有非常明显的城市级别异质性。通过工业用地的低市场化出让的比例对创新影响的研究发现：首先，工业用地的低市场化出让比例在当期、短期、中期和长期会对城市创新能力产生显著的抑制效应；其次，工业用地出让方式对创新的影响有非常明显的区位异质性；最后，工业用地出让方式对创新能力的影响有非常明显的城市级别异质性。

第四，在以创新驱动供给侧结构性改革的大背景下，作为地方政府财政收入的主要来源的土地财政对区域创新造成何种影响，是关乎中国经济转型和能否持续增长的重大问题。首次利用中国土地市场网公示的2007～2014年每一笔土地交易信息，构建地级市商住用地和工业用地出让数据，考察了“土地财政”对区域创新的影响和作用机制。研究发现：首先，构成土地财政的商住用地出让收入可以显著促进区域创新能力；其次，土地财政对创新的影响存在“补给效应”机制，即土地财政可以放松财政预算约束，补给科教支出；最后，土地财政对创新的影响存在“补偿效应”机制，即补偿低价出让工业用地的成本缺口，低价出让更多的工业用地来进行重点产业、高科技产业的招商引资。

第五，面临“营改增”改革带来的“增支减收”效应，游离于预算外的规模巨大的土地财政成为地方政府主要的应对策略。首次利用商住用地出让信息建立县级土地财政面板数据，采用“PSM－DID”的方法考察了“营改增”改革对县级土地财政的影响与作用机制。研究发现：首先，“营改增”改革显著刺激了县级土地财政规模的扩张，这一结论在多种稳健性检验之下依旧成立；其次，“营改增”改革对土地财政收入的影响存在区域异质性，东部地区的正向影响尤为明显；最后，财政压力是“营改增”促进土地财政规模扩张的重要作用机制。

第六，针对本书的结论，理清了工业用地出让方式结构的得失和成因，结合本书的研究，提出了相应的政策建议。首先，完善工业用地出让制度。这里包含四个方面：一是明确工业用地出让的原则；二是规范工业用地出让方式的选择标准；三是规范工业用地出让方式的实施过程；四是完善土地出让信息公开机制。其次，完善土地管理制度。这里包含两个方面的内容：一是完善土地分类管理，分属性管理；二是建立土地台账并公开土地台账。最后，完善配套财政制度。这其中包含三个方面：一是推动财政补贴预算管理；二是完善国有土地使用权出让金管理制度；三是完善财政信息披露机制。

本书可能的创新有以下三点：

首先，视角创新。本书的视角创新有两点：一是不同于以往大多文献将出让方式看作区分土地用途的研究视角，本书用"政府干预"的视角来看待土地的出让方式；二是以往大多文献都将"招拍挂"看成一个整体性的策略安排，本书从程序分析、人员采访、实例分析和文献解读四个方面证明了"挂牌"不同于"拍卖"和"招标"的强干预性质。本书从"政府干预"的视角来研究工业用地出让方式，从实证层面证明工业用地出让方式结构的原因和经济效应，力图为地方政府理清工业用地出让方式结构的形成原因和影响。

其次，研究对象创新。目前大多数文献一般关注于全用途土地出让、全口径土地使用权出让收入和土地出让金收支管理问题，而本书关注于工业用地出让方式的结构，将土地用途的研究从表面化到细致化，将土地出让的研究从收入到面积，将土地出让的研究从规模问题推动到结构问题。

最后，数据使用创新。现有的年鉴类数据，将工业用地和商住用地混在一起，现有大多文献将协议出让用地认为是工业用地，将招拍挂出让认为是商住用地，而国务院在2006年8月31日发布了《国务院关于加强土地调控有关问题的通知》，严厉地要求"工业用地必须采用招标拍卖挂牌方式出让"。因此，我们在中国土地市场网（http：//www.landchina.com）获得2007.1.1～2014.12.31全部的130万条土地交易数据，可以准确区分不同土地类型、不同出让方式的土地交易，并从中提取出全部工业用地出让数据，将其匹配到每个县、市。本书侧重于对工业用地的挂牌出让进行研究，这对我们现有的研究以及未来的研究有重要的价值。

是完善土地分类管理，[illegible]；二是建立土[illegible]，[illegible]出，完善区域联动机制。这其中包含三个方面：[illegible]理；二是完善国有土地使用权出让金管理制度；三是[illegible]机制。

本书可能的创新有以下三点：

首先，视角创新。本书的研究视角有两点：一是[illegible]大[illegible]出让方式着眼区分土地出让的研究视角。本书[illegible]“双轨一价”[illegible]土地的出让方式；二是以[illegible]大多数文献都集中“招拍挂”[illegible]安排。本书从程序分析，[illegible]具有分析[illegible]“挂牌”不同于“拍卖”[illegible]“招标”的[illegible]角度来研究工业用地出让方式，从宏观层面[illegible]因和经济效应，为因地方政府[illegible]工业用地[illegible]影响。

其次，研究对象创新。[illegible]大多数文献[illegible]全口径土地使用权出让收入[illegible]，[illegible]地出让方式的结构。[illegible]究从收入到面积，[illegible]。

最后，数据[illegible]。[illegible]一起，现有大多数文献将协议出让[illegible]工业用地，[illegible]商住用地。而国务院在2006年8月31日发布了[illegible]有关问题的通知》，严格要求“工业用地必须[illegible]出让”。因此，本书[illegible]在中国土地市场网（http://www.landchina.com）[illegible]2007.1.1—2014.12.31全国约150万条土地交易数据，[illegible]业类型，不同出让方式[illegible]，并从中[illegible]将其匹配到每个县（市），本书[illegible]我们[illegible]研究以及未来[illegible]。

目　　录

| 第一章 |

绪　　论

第一节　选题背景与研究意义

一、选题背景

（一）市场在资源配置中的作用不断加强

中国改革开放的过程是市场在资源配置中的作用不断加强的过程。1978 年党的十一届三中全会提出，“应该坚决实行按经济规律办事，重视价值规律的作用”；1982 年党的十二大提出，“发挥市场在资源配置中的辅助性作用”；1992 党的十四大提出，“要使市场在国家宏观调控下对资源配置起基础性作用”；2003 年党的十六届三中全会提出，“要在更大程度上发挥市场在资源配置中的基础性作用”；2012 年党的十八大提出，“要在更大程度、更广范围发挥市场在资源配置中的基础性作用”。再到 2013 年 11 月 12 日中国共产党第十八届中央委员会第三次全体会议通过《中共中央关于全面深化改革若干重大问题的决定》，《决定》指出“经济体制改革是全面深化改革的重点，核心问题是处理好政府和市场的关系，使市场在资源配置中起决定性作用和更好发挥政府作用”。总体来看，市场机制来决定资源配置是经济体制改革的发展方向。

（二）土地在经济运行和财政体制中的地位日益加强

随着改革开放进程地不断加快，土地资源在经济运行中占据重要的地位。20 世纪 90 年代起，国有土地使用权出让收入逐步成为我国财政收入，尤其是地方财政收入的重要来源。2000～2014 年，全国国有土地使用权出让收入占地方财政收入的比例从 9.3% 上升到 45%（见图 1.1），而 2017 年国有土地使用权出让收入 52059 亿元，同比增长 40.7%，国有土地使用权出让收入近占当年 GDP 总值的 6.3%、地方一般公共预算收入的 57%，[①] 创历史新高。可见，土地使用权出让金所形成的政府性基金在整个国家财政活动中已经占据了举足轻重的地位。土地财政也因其巨大的体量，被学者们称为“第二财政”，其也成为中国财政体制中最值得关注的问题。

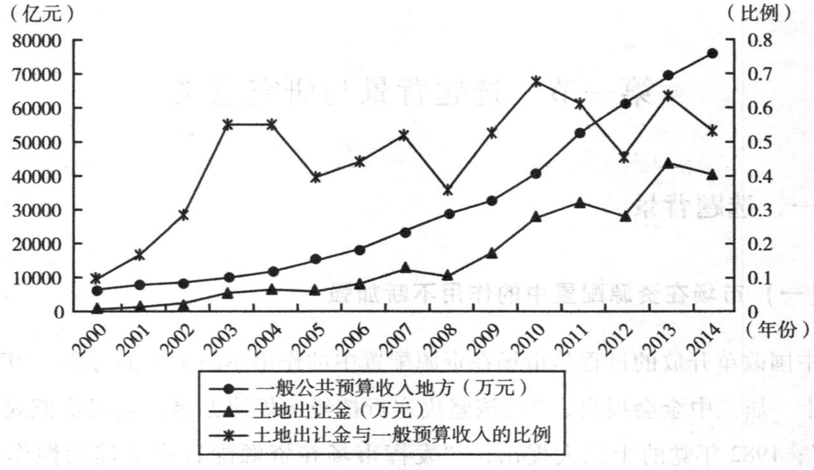

图 1.1　历年土地出让收入规模

资料来源：根据历年《中国国土资源年鉴》和《中国财政年鉴》整理而得。

（三）政府干预广泛存在在土地领域

虽然，在中国的经济体制改革中，市场作为资源配置的决定性作用越来越突出，但是政府干预经济依旧是一个普遍的现象。政府干预经济运行，一方面是基于提高企业效率或社会效益，企业效率包括鼓励企业的科技创新和企业生产效率等，社会效益包括就业和税收等；另一方面除了个别项目以外，地方政府对经济的干预有很大的自由裁量权，且有很大的寻租空间，因

① 数据来自财政部《2017 年财政收支情况》。

此有些政府干预可能是寻租的结果。

中国特有的土地公有制，为政府在土地领域的干预提供了肥沃的土壤。有关于政府干预的文献大多集中在科技补贴、能源许可证和企业所有制性质领域，但是对于体量巨大、影响深远的土地市场中的政府干预有所忽视。

《城镇国有土地使用权出让和转让暂行条例》[①]（1990年）明确将包括工业用地在内的国有建设用地的一级市场垄断开发权授予给了市、县级地方政府，在土地出让领域，地方政府干预的能力非常强大。随着工业化和城镇化释放需求，土地成为地区关键性的生产资料，土地也成为政府干预最重要的领域之一。

（四）土地出让方式成为政府实质干预土地出让的重要手段

在土地出让层面，政府干预出让的手段有两种：1. 控制土地供应量；2. 人为选择出让方式。以往文献大多关注土地供应总量，对出让方式的关注较少。据现实情况来看，由于土地用途管制制度和严格的保护耕地制度，[②]土地供应量不是其干预地方经济的主要手段，土地出让方式是地方政府干预经济的最重要手段。根据政府干预程度，我们将土地出让方式分为两大类，强干预和弱干预。我们认为，招标、拍卖属于政府弱干预的出让方式，总体价格较高；划拨、协议、挂牌出让属于政府强干预的一种出让方式，总体价格较低。[③] 并且，大部分土地被以被以政府强干预的方式低价出让。这也是隐形的地价补贴，[④] 即通过市场化方式出让补贴非市场化出让。并且，法律法规对地方政府选择拍卖和挂牌，并没有特别严格苛刻的规定，县市政府的自主权力非常大。我们把低价非市场化供地看作是政府干预主要是因为：第一，土地出让方式造成的干预几乎不受任何监督和限制。这种干预性的财政补贴不在政府一般公共预算内也不在政府性基金内，甚至不在任何政府账本内，其监督和限制机制属于真空状态。第二，土地并不是投资中的沉

---

① 国务院55号令1990，全文见http：//www.mlr.gov.cn/zwgk/flfg/tdglflfg/200601/t20060119_72175.htm.

② 详见第二章第四节。

③ 详见第二章第三节。

④ 这个地价补贴，具体来说有两种：1. 商业用地高价补贴工业用地的低价；2. 拍卖工业用地的高价补贴挂牌用地的低价，我们的研究集中在工业用地的挂牌出让层面。

没成本，其实际上在项目结束时是可以转让的，因而土地购置成本并不是企业产品生产和销售成本的组成部分，而是一种资产，并且政府的非市场化、低价供地行为，对企业是一种地价补贴，企业在项目运营结束后，并不是以补贴价格来出售，而是以市场价格来出售土地以此获得超额收益。

并且，法律法规对地方政府选择拍卖、招标和挂牌之间，并没有特别严格苛刻的规定，县市政府的自主权力非常大。因此我们得到：大部分土地被以政府强干预的方式特别是挂牌的低价出让。而且地方政府针对不同用途的土地有完全不同的出让策略，陶然等（2007）认为政府会采取低价出让工业用地、高价出让商住用地的策略。① 2017 年，工业用地出让面积占土地出让总面积的 48%，但其出让金额仅占 4%；商住用地出让面积占 48%，但其出让金额占了 95%。② 地方政府这种干预性的低价主要体现在了工业用地层面。工业用地出让的巨大的体量、市场殊的性质、出让方式的多样性和固定性，决定了其特殊的研究价值。

（五）政府认为现行土地出让制度符合市场原则

2011 年，国土资源部发布《国土资源部关于坚持和完善土地招标拍卖挂牌出让制度的意见》。《意见》指出，国有土地使用权“招拍挂”出让制度是市场配置国有经营性建设用地的基本制度。它充分体现了公开公平公正竞争和诚实信用的市场基本原则，建立了反映市场供求关系、资源稀缺程度、环境损害成本的价格形成机制，完全符合社会主义市场经济体制的基本方向，“招拍挂制度”符合“市场优化配置土地资源的基本原则，符合法律政策要求，同时在抑制行政权力干预市场，从源头上防治土地出让领域腐败中发挥了重要作用”。③

我们可以推断出，在中央政府层面看来，“招标”“拍挂”“挂牌”都是等同于市场化出让的，现行土地出让制度符合市场原则。但这并不符合实际情况。

---

① 陶然，袁飞，曹广忠：《区域竞争、土地出让与地方财政效应：基于 1999 ~ 2003 年中国地级城市面板数据的分析》，《世界经济》，2007，第 10 期，第 15—27 页。

② 笔者根据中国土地市场网整理得，其余土地为非经营性用地。

③ 国土资发【2011】63 号，全文见http：//www. mlr. gov. cn/zwgk/zytz/201105/t20110513_865511. htm.

二、研究意义

（一）理论意义

本书的理论意义有以下四方面：

第一，将土地财政的研究从规模问题推动到结构问题。以往研究土地财政的文献，主要关注于宏观土地财政的规模，如土地出让总收入和总面积问题，而本书的研究关注在土地出让的结构，将土地财政的研究从规模问题推动到结构问题。

第二，以土地出让方式的研究作为方向，扩展土地财政的研究视野。以往土地财政往往关注土地出让金的收支问题，本书以土地出让方式作为研究方向，力图拓展土地财政的探究视野。

第三，以工业用地出让方式的研究作为起点，夯实土地出让方式的研究基础。已有文献对土地出让方式的关注较少，土地出让方式的研究仍然可以称作全新的领域，工业用地、商住用地和公益性用地出让方式的影响和原因等都迫切需要回答，本书以工业用地出让方式的研究作为起点，努力夯实土地出让方式的研究基础。

第四，以全新的视角研究工业用地出让方式问题，为土地出让方式研究提供新方向。以往文献大多以区分土地用途的视角来研究土地出让方式，而本书在以详尽数据区分土地用途的基础上，再以政府干预的理论和视角研究工业用地出让方式问题，为土地出让方式研究提供新方向。

（二）现实意义

本书的现实意义有以下五方面：

第一，客观评价工业用地出让方式结构的得失和利害。

在全部土地出让中，面积上约有50%的土地以工业用地的形式出让，这些工业用地中大部分又以低市场化的方式被出让。因此，客观评价规模巨大工业用地的低市场化出让，理清工业用地出让方式结构的得失和利害，具有重大的现实意义。

第二，理清工业用地出让方式的结构形成的原因。

由于对于土地出让方式的研究还处于起步阶段，工业用地出让方式的结构形成的原因还处于黑匣子中，本书采用实证分析的方法验证了工业用地出让方式的结构形成的“寻租”原因，有利于深刻理解工业用地出让低市场化出让发生的原因和作用机理，为未来的政策改革的“对症下药”提供明晰的方向。

第三，有利于工业用地出让市场的规范化。

本书在客观评价工业用地出让方式结构的得失和理清工业用地出让方式的结构形成的原因的基础上，提出针对工业用地出让方式改革的具体建议和措施，有利于完善工业用地出让制度。

第四，有利于规范土地出让制度。

工业用地出让方式和中国土地出让制度紧密结合，在本书规范工业用地出让方式的基础上，结合本书的研究，对于今后中国土地出让制度改革提出了明确的建议，特别是土地分属性管理和土地台账管理方面，有利于规范土地出让制度。

第五，本书旨在推动以更加市场化的方式出让工业用地，为中国供给侧结构性改革提供新方向，为中国经济腾飞释放新动力。

中国供给侧结构性改革正在如火如荼地进行中，改革开放也在不断深入，土地也成为最重要的生产资源，而关乎国计民生的土地改革却前进缓慢，本书以工业用地出让方式的结构性改革为起点，力图推动工业用地以更加市场化的方式出让，意图为土地资源和土地制度松绑，让土地制度改革为中国供给侧结构性改革提供新方向，为中国经济的腾飞释放新动力。

第二节　文献综述

一、文献回顾

（一）工业用地出让方式结构的研究视角

一些学者由于《年鉴》类数据的限制，对土地出让方式的研究仅限于用起区分工业用地和商住用地，他们认为，协议出让的为工业用地，“招拍挂”

出让的为商住用地。如梁若冰、韩文博（2011）通过空间计量模型发现周边的协议出让方式增多会抑制本地经济增长，本地的协议出让会促进本地经济发展。李学文、卢新海（2012）用协议出让价格对“招拍挂”价格的响应来代表工业用地和商住用地之间的非对称互动关系。雷潇雨、龚六堂（2014）用协议出让价格代表工业地租，用“招拍挂”价格代表商业地租，研究了地租差策略的有效性。杜雪君、黄忠华（2015）以协议出让代表工业用地出让探讨了以地谋发展的机制。

一部分学者观察到，出让方式的不同代表着不同程度的政治联系，但其只关注到协议出让代表强干预，将“招拍挂”出让都等同于市场出让，并没有区分“招拍挂”之间的差别。Glaeser 和 Ward（2009）认为，限制土地利用的方式是重要的土地利用方式。如陶然等（2007）认为“招拍挂”出让的高价出让方式实际上是对协议的横向补贴。白彦锋（2013）用“招拍挂”与协议出让的价差来衡量“负地价”的要素投入指标，实际上也是政治联系的一种形式。杨其静、卓品、杨继东（2014）和卢建新、于路路、陈少衔（2017）把工业用地协议出让作为政府参与引资底线竞争的重要方式。李力行等（2016）把协议出让认为是土地资源错配的一种表现。

同时也有学者注意到“招拍挂”三种出让并不是同种市场机制，但是并没有将工业用地分离出来，没有考虑到不同的出让策略和产业特性，而是将商住和工业用地混在一起。张莉、高元骅、徐现祥（2011）认为挂牌出让提供了更大的合谋空间，本地晋升的长官会促进挂牌出让。Cai 等（2013）认为挂牌实际上是一种两阶段拍卖，在第一阶段有一道政府干预的阀门。杨继东、赵文哲、刘凯（2016）认为协议出让是地方政府和国有企业的互利行为。王媛、杨广亮（2016）分离了挂牌和拍卖的区别，但是认为挂牌和拍卖都只发生商住用地领域，认为禀赋越差政府越干预土地出让而采用挂牌出让。

目前来看，学界分离出不同土地用途的研究较少，且其并没有主要关注挂牌出让。杨继东、杨其静（2016），杨其静、吴海军（2016）和张莉（2017）都分离了工业用地，但主要关注在于工业用地出让的规模，并没有对工业用地的出让方式投入足够的关注。

(二) 工业用地出让方式结构形成的原因

对工业用地出让方式形成原因的讨论，才刚刚起步，文献普遍缺乏系统性的证据。本节考虑到出让规模与出让结构的紧密联系，针对出让规模形成的原因进行文献综述与文献评论。

有些文献将出让方式的结构的成因归结为政企合谋和政治联系。张莉、高元骅、徐现祥（2011）基于2003～2008年地级市数据发现，政企合谋是地方政府出让更多以挂牌出让土地的关键因素。本地晋升的官员有回报地方精英的动机，大量供应土地是其中重要的一种手段，在公开出让的土地中，由于挂牌的特殊性，成为合谋的重要方式。即本地晋升的官员会更多以挂牌方式出让土地。与面积的讨论类似，Ting C 和 J K KUNG（2018）讨论了出让价格的分化，其通过对2004～2016年的数据分析，与没有相同关系的公司相比，与中国最高政治精英（中共中央政治局）成员有关联的公司获得了55.4%～59.9%的价格折扣。

也有文献认为地理禀赋是影响出让方式结构的关键性因素。王媛、杨广亮（2016）认为地理禀赋是影响城市土地出让方式结构的关键因素。作者认为由于每个城市的地理禀赋不一样，对企业的吸引也不一样，再加之地方政府是土地市场的垄断供应方，其为了吸引投资以促进经济增长从而采用干预政策来对企业进行地价补贴，从而更多选择挂牌出让。作者运用2003～2008年地级市数据，研究发现离中心城市的距离越远、城市地理禀赋越差，挂牌出让相对拍卖出让比例越高。

也有研究认为，在一定情形下所有制歧视也会影响到工业用地出让方式的结构。赵文哲、杨继东（2015）考察了财政缺口和所有制歧视的协同作用对工业用地出让方式结构的影响。作者基于2003～2010地级市面板数据和工业企业数据库数据，研究了财政缺口增加时，国有企业对地方政府土地出让方式的影响。研究证明了“以地生税”比“以地生租”在解释地方政府土地出让行为时更加有力，而在以地生税的两个影响渠道中，引资生税比以房生税更有解释力。而国有企业在地级市财政中的独特贡献和低波动性特征，在国企比重高的城市，地方政府更倾向于将土地以协议出让的方式出让给国企来吸引固定资产投资和未来税收（增加预算内收入），国企本身也想要获得低价土地追求利润（增加营业收入），从而达到了国企和地方政府的互惠互利；与其相对的，和其集聚效应，在国企比重高的城市，协议出让土地增加减少 FDI（如果“招拍挂”增加，则 FDI 增加），又由于外商对地方财政的贡献率低，导致政府会选择用协议出让的方式来吸引国企。文章还考虑了 2008 年次贷危机和 2009 年刺激计划的影响，危机发生后，财政缺口激增，这导致了国企占比高的城市协议出让土地增加。杨继东、赵文哲、刘凯（2016）认为刺激计划和所有制歧视的协同效应是工业用地出让方式结构的成因。作者着眼于土地需求层面利用 2003～2010 城市面板数据采用双重差分法考察了刺激计划之后，国有企业对土地出让的方式和面积的影响，结果表明刺激计划后国企占比会对出让总面、协议出让面积、协议出让占比有显著积极影响，而会抑制“招拍挂”占比，这表明刺激计划的背景下，土地出让存在着国有企业渠道，并且通过考察信贷增速和房价发现国企渠道的作用原因并不是信贷假说和逐利假说，而是因为国企的双重目标（利润目标和稳定宏观经济的政策目标），即国企通过土地投资稳定经济，又尽可能通过低价土地来获取利润。

也有学者从寻租的视角进行研究，认为不透明的出让方式会存在寻租空间，从而造成腐败。薛白、赤旭（2010）建立两要素、三部门的寻租模型，认为现行的土地制度环境会导致企业寻租行为，而寻租的挤出效应会影响经济发展。Cai 等（2013）认为挂牌本质上是一种两阶段拍卖，可以从中进行的政府干预和操作空间更多，会造成更多的腐败。Wu 等（2012）使用北京市的数据，发现由中央政府监督管理的国有企业的拿地价格比非国有企业高 27%。

（三）工业用地出让方式结构的经济影响

一部分学者以财政收入为切入点，认为出让方式的结构有利于财政收入的增加。陶然、袁飞、曹广忠（2007）利用 1999～2013 的数据研究发现，协议出让对财政收入的影响有非常明显的地域差异，认为可能和商业用地出让收入之间的替代有关。陶然、袁飞、曹广忠（2007）的另一篇文章同样认为，税收的超常规增长和地方政府的土地低价协议出让行为有关，特别是协议出让的两年滞后期，协议出让的面积越多，税收收入和财政收入的增长越多。李露（2011）利用1998～2005年面板数据发现地方政府通过挂牌出让促进了地方财政收入的增加，且在经济相对落后地区更加明显；协议出让对地方财政收入增加虽然同样具有正向影响，但于挂牌出让补贴，其地区经济发达地区作用更明显。也有学者认为低市场化出让不利于财政收入。刘乃铭、金澎（2014）研究发现以协议方式出让土地对地方政府当期财政收入没有显著影响，但在长期来看，对未来税收收入有比较显著的正向刺激作用。

一部分学者从固定资产投资为切入点，认为出让方式的结构有利于固定资产投资的增加、经济增长和工业增加值的提升。赵文哲、杨继东、刘凯（2015）基于2003～2010地级市面板数据和工业企业数据库数据，发现国有企业在地级市财政中的独特贡献和低波动性特征，在国企比重高的城市，地方政府更倾向于将土地以协议出让的方式出让给国企来吸引固定资产投资和未来税收（增加预算内收入），国企本身也想要获得低价土地追求利润（增加营业收入），从而达到了国企和地方政府的互惠互利。也有学者认为低市场化出让会不利于固定资产投资、经济增长和工业增加值。杨其静、卓品、杨继东（2014）利用2007～2011年工业用地出让的地级市数据研究发现，工业用地的出让面积增加会显著拉升地方固定资产投资、工业增加值、GDP和财政收入，但协议出让的方式会在当年和后续几年中显著抑制这种效应，这预示了协议出让带来的质量较差的引资。卢建新、于路路、陈少衔（2017）也认为协议出让是地方政府引资底线竞争的一种方式，其会带来许多高能耗、高污染的行业，且长期来看，对固定资产投资、工业总产值、财政收入和税收都有不利影响。刘京军、张莉、徐现祥（2016）认为“招拍挂”出让会挤出工业贷款，而协议出让因为引资质量问题也不会增加工业贷款，即不同出让方式的选择会扭曲金融资金供给，反而会伤害工业的发展，挤出实体经济。

也有学者从资源配置的视角进行研究，认为非市场化出让的方式属于资源错配的一种，不利于企业效率。李力行、黄佩媛、马光荣（2016）认为协议出让是土地资源的错配，其降低企业进入门槛，产生了严重的生产效率损失，即一个城市使用协议出让的比例越高，其工业企业的生产率就越低。具体来说，土地资源的配置问题有以下四个维度：一是农业用地与建设用地的配置，这事关耕地保护、粮食安全与城镇化进程的权衡；二是不同城市之间建设用地标的配置，这事关城镇化进程中耕地占补平衡、建设用地增减挂钩、建设用地指标交易等政策的讨论；三是城市内存量建设用地在不同行业和不同用途间的配置，这事关城市更新和产业结构调整，与老城中大量占地的政府机关和企事业大院的搬迁及再开发相关；四是城市内工业企业间的土地配置问题。[①] 作者利用城市层面和行业层面的数据，估计了以低地价、协议出让方式为主的粗放型土地出让方式所导致的土地资源错配对中国工业企业间生产率差异的影响；实证结果表明，一个城市以协议方式出让的建设用地比例越高，其工业企业间的资源配置效率越低，且此效果对土地依赖程度高的行业更为显著。

也有学者从省际竞争的角度来研究，认为协议出让会造成产能过度。杨其静、彭艳琼（2015）利用空间计量模型发现省内经济实力相近的城市，尤其是经济强市之间存在着土地引资的恶性竞争，即竞相扩大工业用地的出让规模和协议出让比例，而这些会导致低水平重复建设和随之而来的产能过剩。顾智鹏、武舜臣、曹宝明（2016）认为，地方政府低价出让工业用地招商引资，从供给层次来说刺激了产能过剩的提升，高价出让商服用地增加预算外财政收入来投资基础设施建设，又为企业创造了部分需求抑制了产能过剩的形成，作者利用 2003 ~ 2013 年省级面板数据研究发现，土地出让价格扭曲程度（以协议价格代理工业用地价格，以拍卖价格代理商服用地用地价格）越高，产能过剩（固定资产增长率与实际 GDP 的比值作为省级产能利用率的代理变量）越严重，而高额的土地出让金在某种程度上会缓解产能过剩。

也有部分学者考察了出让方式对产业结构的影响。王媛、杨广亮（2016）认为“招拍挂”改革之后，政府干预土地出让的方式已经由协议出让转移到挂牌出让。由于每个城市的地理禀赋不一样，对企业的吸引也不一样，再加之地方政府是土地市场的垄断供应方，其为了吸引投资以促进经济增长从而采用干预政策来对企业进行地价补贴，研究发现土地干预政策对地理禀赋较差的地区的产业升级没有短期效果，但在三年的时间段有促进的效果。

---

① 李力行，黄佩媛，马光荣，2016：《土地资源错配与中国工业企业生产率差异》，《管理世界》，第 8 期，第 86 – 96 页。

（四）工业用地出让方式结构的治理

陶然、袁飞、曹广忠（2007a，2007b）认为，虽然协议出让方式导致了税收和财政收入的增长，但这种增长是超常规的、无法持续的，要改变地方政府通过低价出让土地来竞争投资的激励，需要进行综合配套性的改革，比如在政绩考核上要改变以 GDP 锦标赛的模式，在财税体制上建立地方税体系。

薛白、赤旭（2010）认为地方政府通常处于“消极”和“积极”之间，但是良好的制度能够促使地方政府从“消极”转向“积极”，从而使土地财政有利于地方经济的增长，其强调了制度的重要性。

杨其静、卓品、杨继东（2014）认为，有关土地的恶性竞争行为会危害中国经济的发展，特别是经济的长期健康发展，因此有必要对官员晋升和工业用地出让制度进行更深入的改革。卢建新、于路路、陈少衔（2017）从更加有效、可行的政府干预充分利用土地和外部性的层面提出了自己的建议，认为首先完善地方政府的考核方式，调整以 GDP 为主的政绩考核机制；中央政府应该加强对地方政府的监管，严格规范地方政府的工业用地出让行为，对于不同类型的工业用地采用更高效率的出让方式，从而规范地方政府招商引资行为，引导外部资金进入优质项目，进而提高投资效率；与此同时，要高效利用土地资源，优化稀缺土地资源的配置，对于当地引入的投资项目严格管理，提升投资项目的质量，而不是更多地追求投资数量。

HongBin Cai（2013）同样认为，协议出让可以导致土地资源的错配，应该从出让过程的公开、透明、市场化出发，来减少腐败动机和政府操作空间。王媛、杨广亮（2016）对比了国外的分区制认为，规则的透明性一方面能够避免寻租问题，另一方面由于土地利用外部性所造成的成本和收益难以准确评估，因此加大对公众意见的征集变得十分重要；作者建议各城市参照国外的分区制设立一套独立、标准透明、具有法律效力的土地规划体系，在这个体系的规则下，土地出让配置的其他工作交由市场完成。李露（2011）和刘乃铭、金澎（2014）也得出协议出让会增加财政收入和某些税种的税收收入的结论，但他们也认为这种模式不可持续，应该采取更加公开、竞争性强的出让方式，但是也强调了土地资源的合理规划。赵文哲、杨继东、刘凯（2015）认为协议出让是地方政府和国有企业的互利互惠，但依旧给出了谨慎的结论，即协议出让会导致土地资源配置的进一步扭曲和土地市场的“国进民退”，其也暗示了限制协议出让的意思。李力行、黄佩媛、马光荣（2016）将资源错配的研究拓展到土地这一重要的生产要素上，强调了进一步通过市场机制配置土地资源对加快结构调整、推动企业转型升级的重要意义。

刘骞文、闫笑（2016）认为，“土地引资”显然是一种以扭曲土地资源价格换取投资以及经济增长的手段，存在可持续性问题，作者建议政府应站在更为宏观的角度，结合自身发展定位以及区域内的产业布局优势，有针对性地吸引投资，提高投资的效率和正向外溢，促进城市群协调发展。王乔、王丽娟（2014）认为“招拍挂”和协议出让有明显的区域差异，因此提出了调控措施也要有区域差异，因地制宜。顾智鹏、武舜臣、曹宝明（2016）也提出了类似的三点建议：一是建立完善的要素市场价格形成机制；二是改革和完善官员晋升体制；三是建立完善财税监督机制。

二、文献评论

研究视角的文献。目前大多数文献，因为数据的限制，特别是《中国国土资源年鉴》在 2010 年之前未提供地方政府各种用途（商服、工矿仓储、公用设施、公共建筑、住宅等）的土地出让数据，只提供了几种出让方式的总量数据，2010 年之后也未提供分用途出让方式的数据。这使得相关实证研究不得不无奈地假设工业用地主要以协议方式出让，而商服住宅用地主要以“招拍挂”方式出让，从而以“协议出让土地”作为地方政府出让工业用地的代理变量，而以“‘招拍挂’出让土地”作为地方政府出让商服住宅用地的代理变量。尽管该假设在 2007 年之前可能还具有一定的合理性，但之后就失去了合理性，因为国务院在 2006 年 8 月 31 日发布了《国务院关于加强土地调控有关问题的通知》，严厉地要求“工业用地必须采用招标拍卖挂牌方式出让”，基本堵住了工业用地协议出让的通道。

并且，关注土地出让方式的文献，大多关注在“协议”和“招拍挂”划分政府干预的强度。但在 2006 年“8·31”大限之后，协议出让面积大幅度下降的同时挂牌出让大幅度上升，我们认为挂牌其实是对协议的替代，政府干预的方式由协议变成了挂牌，这是政府干预的转变。

因此，我们需要将关注集中在新一轮土地市场化改革后工业用地的出让方式上面，特别是工业用地的挂牌出让。

经济影响的文献。目前的出让方式结构影响的文献总体上来看存在如下几个细节性问题：一是没有将其纳入财政府干预的框架下，其影响都是单纯的影响，不存在相互之间的联系；二是大多文献都是从土地财政规模的影响入手，实际上并没有真正研究结构性问题；三是没有考虑土地出让之后的建设周期（2~3 年），出让方式的影响没有真正被捕捉到；四是影响应该区分短期影响和长期影响，政府和官员的自利性可能会导致其短视的行为，因而会发生短期影响和长期影响的背离；五是数据层面没有区分开工业用地和商住用地，而这两种用地的出让机制是不同的。

经济影响并不是孤立的，一般情况下，有因才有果。在讨论经济影响的时候，必须有其对应的整体逻辑架构，造成的影响也必然有其逻辑上的成因，因此有分析这一问题的逻辑大框架是十分必要的，而现有文献普遍没有将原因和影响进行有机的结合。如果我们要对一项政策有明确的价值判断，必须有此项政策影响的方方面面，全面评价其得失利害，而现有文献主要探究其影响的一个层面，或是对财政收入，或是对经济增长，没有对其全面影响的判断，因此也需要研究其比较全面、比较有代表性的影响。

对于治理对策的文献。首先，目前的研究针对治理对策的研究，由于其对出让方式认识的不同，也由于对结构性问题的成因和影响的不同，实际上的共识性回答也较少。其次，缺乏一套在操作上实际可行的改进政策，大多对策都为广而化之的对策。最后，缺乏一套整体性的对策。

很多对策对应官员晋升改革，但是我们必须理清是否因为晋升激励导致的工业用地出让方式的结构性问题。也有对策对应的是地方税体系、分税制改革的问题，这也需要理清是否是财政激励导致结构性问题的前提。

因此，治理对策需要结合成因和影响，有的放矢、一针见血地解决工业用地出让方式的结构性问题。并且对策应该从出让方式的表象到更深一步的土地利用规划，再到后面配套的财政机制改革，形成一套完整的对策应对。

共同的问题。从研究视角、形成原因、经济影响和治理对策的文献来看，都存在两点共同的问题。一是大多研究针对的是规模性问题，并不是真实的结构性问题。二是大多研究针对的是全口径土地出让，而不是细分用途的土地出让方式，特别是工业用地出让方式的结构性问题。这两点共同的问题也是本书在尝试扩充和弥补的方向，旨在为相关文献和未来的研究提供一定的补充和支持。

第三节　研究设计

一、研究框架

（一）研究范围

本书的研究对象限定在工业用地出让方式的结构上，如图 1.2 所示。在土地财政的大框架之下，政府针对不同用途的土地，采取两种不同逻辑的土地出让策略。针对商住用地，采取高价出让的策略；针对工业用地，采取低价出让的策略。在工业用地出让领域，政府干预的方式有两种，工业用地出让规模和工业用地出让方式。本书将研究范围限定在工业用地出让方式的结构层面。研究对象范围如图 1.2 所示。

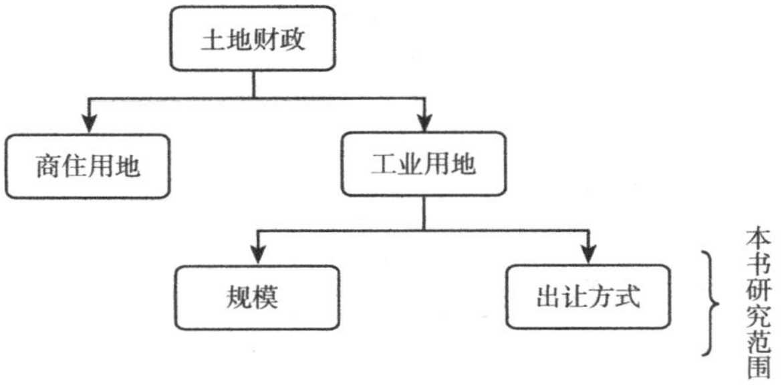

图 1.2　文章研究对象的范围

如图 1.3 所示，本书的研究的阶段是土地出让阶段。本书的研究是建立在政府垄断土地一级市场的基础上，以现行的出让方式的结构出让工业用地，会造成什么样的影响，以及产生现行出让方式结构的原因是什么。本书的研究范围不包括土地的所有权和使用权的分离问题，也不包括土地征收、土地储备问题。

图 1.3　本书研究阶段的范围

（二）研究思路

本书以政府干预的视角研究工业用地出让方式的结构，旨在研究发现工业用地出让方式结构对经济发展的影响以及形成的原因，并提出相应的政策建议。

本书的研究框架如图 1.4 所示。全书共分为三个部分，第一部分为第一章和第二章，结合工业用地出让方式的结构的背景、意义、文献和理论来确定研究视角，并提出本书的研究意义和价值；第二部分为第三章，旨在从全

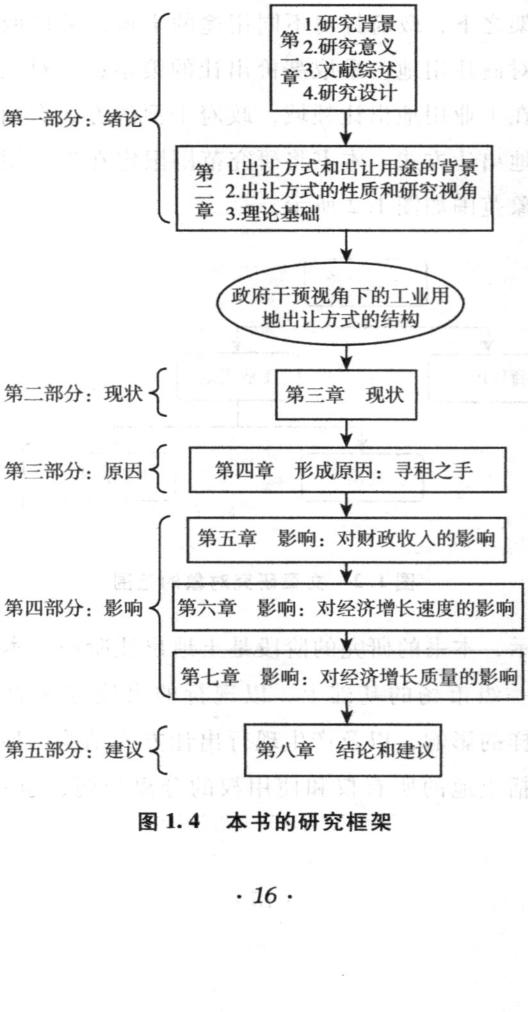

图 1.4　本书的研究框架

景上展现工业用地出让方式的现状和趋势；第三部分为第四章，本部分旨在研究工业用地出让方式的结构的形成原因；第四部分为第五章、第六章和第七章，采用实证分析的方法研究工业用地出让方式的结构对经济发展的影响，第五章为其对财政收入的影响，第六章为对经济增长速度的影响，第七章为对经济增长质量的影响；第五部分为第八章，总结本书的研究结论，提出相应的政策建议。

二、数据挖掘与校正

（一）数据挖掘

本书的经济类数据来源于《中国城市统计年鉴》和《中国区域经济统计年鉴》，构成了 2007 ~2014 年地级市面板数据库（考虑到直辖市和地级市在管理体系上存在很大差异，在这里我们将直辖市排除在外；而中国台湾由于数据的可得性，我们也将其剔除）。

文献中土地数据来源主要为：《中国国土资源统计年鉴》或《中国国土资源年鉴》；房天下发布的 CREIS 数据库；国土资源部的中国土地市场网的公开数据。

本书选取国土资源部的中国土地市场网的公开数据进行挖掘，是因为其有如下优势：现有的年鉴类数据（《中国国土资源统计年鉴》或《中国国土资源年鉴》），将工业用地和商住用地混在一起，现有文献将协议出让用地认为是工业用地，将“招拍挂”出让认为是商住用地，这是极为无奈的，因为国务院在 2006 年 8 月 31 日发布了《国务院关于加强土地调控有关问题的通知》，严厉地要求“工业用地必须采用招标拍卖挂牌方式出让”。幸运的是，国土资源部在 2006 年 5 月 31 日颁布的《招标拍卖挂牌出让国有土地使用权规范（试行）》明确要求，市县级政府土地主管部门必须在中国土地市场网上事先公布每宗国有土地使用权的出让计划，并且在事后公布各宗土地的出让结果。房天下发布的 CREIS 数据库，属于非官方数据、非权威数据且是二手数据，并且在样本期间仅有 70 万余宗数据，但是市县级政府土地主管部门被相关法律要求必须在中国土地市场网上事先公布每宗国有土地使用权的出让结果，且其属于国土资源部，因此具有官方和权威的特性，并且样本期间有 130 万余宗土地出让，样本几乎是全样本。三大主要土地数据来源的对比如表 1.1 所示。

表 1.1　　　　三大主要土地数据来源的对比

数据来源	发布机构	特点和问题
《国土资源年鉴》《国土资源统计年鉴》	国土资源部	无分用途分方式的土地信息，只有“招拍挂”三种的总量
CREIS 数据库	房天下	二手、非官方，样本期间只有 70 万条
中国土地市场网	国土资源部	官方，且法律明文要求全部土地交易信息都需公布，样本期间全样本共有 130 余万条

（二）数据校正

因为数据更新问题以及网站的反爬虫设置，我们分别在 2016 年 9 月、2016 年 12 月和 2017 年 3 月分三次在中国土地市场网（http://www.landchina.com）获得了 2007.1.1—2014.12.31 的土地交易数据，因为数据更新问题以及网站的反爬虫设置，三次分别获得 120 余万条、80 余万条和 30 余万条数据，经过我们的数据匹配，总共获得 1382061 条数据（与全站的 1383388 数据相差在 0.1% 左右）。

全部的 130 多万条土地交易数据，可以准确区分不同土地类型、不同出让方式的土地交易，并从中提取出全部经营性用地（工业用地和商住用地）出让数据总共 95 万余宗，经过去重、筛去信息不完善、前 1% 截尾、清洗等处理之后，加总到城市层面，得到城市的经营性土地出让数据。工业用地在样本期间一共有 28 万余宗出让，加总得到城市的工业用地出让的数据，得到我们本书核心变量的数据源。商住用地包含商服用地和住宅用地，样本期间商服用地（批发零售用地、住宿餐饮用地、商务金融用地和其他商服用地，样本期间一共 19 万余宗）以及住宅用地（包含高档住宅用地、中低价位、中小套型普通住房用地和其他普通商品住房用地，去除了其中的经济适用住房用地、廉租房用地和公共租赁住房用地等具有公益性质的用地，样本期内共 48 万余宗）一共 67 万余宗出让，得到城市的土地财政的数据。

第四节　研究内容与创新

一、研究内容

第一部分为导论和视角，对应本书的第一章和第二章。首先，我们结合“市场在资源配置中的作用不断加强”“土地财政在经济运行和材质体制中的地位日益加强”“政府干预广泛存在于土地领域”“土地出让方式成为政府实质性干预土地出让的重要手段”和“政府认为现行土地出让制度符合市场原则”的大背景，提出本书研究的核心问题：工业用地出让方式。其次，本书以政府干预理论来解释工业用地出让方式的结构，对于“研究视角”“形成原因”“经济影响”和“治理措施”的文献进行了评述；再次，对本书的研究范围、研究框架和数据来源与处理等方面进行了研究设计，结合上面的分析，提出了政府干预视角下的工业用地出让方式的结构的三大研究问题，即现状、经济影响和形成原因，并提出了本书的研究意义和可能的创新；随后，第二章回顾了土地出让方式和土地用途的背景；最后，根据市场化性质对工业用地出让方式进行分类，特别是根据“程序分析”“人员采访”“案例解读”和“文献佐证”的方式确定了挂牌出让的高政府干预特征，最后提出了工业用地出让方式结构的“政府干预”研究视角，和工业用地出让方式的特殊研究价值。

第二部分为现状与趋势，对应本书的第三章。首先，本书展示了在全国层面工业用地划拨、协议、挂牌、招标和拍卖出让的规模与结构，并进行了综合对比；其次，本书展示了在全国层面工业用地高市场化出让和低市场化出让的规模与结构，并进行了综合对比；最后，本书展示了在地区层面和省级行政单位层面工业用地出让方式的规模与结构。

第三部分为对经济发展的影响，对应本书的第四章、第五章和第六章，分别对应经济发展的经济增长、经济增长规模和财政收入层面，这里将财政收入单独列出，是因为财政收入即属于经济发展的一部分，其也可以影响经济发展。第四章为工业土地出让方式结构对财政收入的影响，本部分主要阐述了工业用地出让方式的结构对财政收入的影响，其中包括对一般公共预算收入、税收收入、增值税收入、企业所得税收入的影响，并且对每个方面的长期、短期影响以及地域差异给出了详尽的讨论。第五章主要研究了地方政府工业土地出让方式结构对经济增长的影响，其中包括对经济增长速度、工业增加值、非房地产固定资产投资和就业的影响，并且对每个方面的长期、短期影响以及地域差异给出了详尽的讨论；第六章为工业土地出让方式结构对经济增长质量的影响，本部分主要阐述了工业用地出让方式的结构对经济影响的机制，也就是对经济增长质量的影响，其中包括资源错配机制、创新抑制机制和企业效率抑制，并且对机制的期限结构、地理禀赋、区位差异和行政级别差异给出了详尽的讨论。

第四部分为拓展性分析，对应本书的第七章和第八章。第七章，在以创新驱动供给侧结构性改革的大背景下，作为地方政府财政收入的主要来源的土地财政对区域创新造成何种影响，是关乎中国经济转型和能否持续增长的重大问题。利用中国土地市场网公示的 2007～2014 年间每一笔土地交易信息，构建地级市商住用地和工业用地出让数据，考察了“土地财政”对区域创新的影响和作用机制。第八章，面临“营改增”改革带来的“增支减收”效应，游离于预算外的规模巨大的土地财政成为了地方政府主要的应对策略。利用商住用地出让信息建立县级土地财政面板数据，采用“PSM－DID”的方法考察了“营改增”改革对县级土地财政的影响与作用机制。

第五部分为结论和建议，对应本书的第九章。本部分首先总结研究结论，并在完善工业用地出让制度、完善土地利用制度和完善配套财政制度上提出政策建议。

二、可能的创新

首先，视角创新。本书的视角创新有两点：一是不同于以往大多文献将出让方式看作区分土地用途的研究视角，本书用“政府干预”的视角来看待土地的出让方式；二是以往大多文献都将“招拍挂”看成一个整体性的策略安排，本书从程序分析、人员采访、实例分析和文献解读四个方面证明了挂牌不同于拍卖和招标的强干预性质。本书从“政府干预”的视角来研究工业用地出让方式，从实证层面证明工业用地出让方式结构的原因和经济效应，力图为地方政府理清了工业用地出让方式结构的形成原因和影响。

其次，研究对象创新。目前大多数文献一般关注于全用途土地出让、全口径土地使用权出让收入和土地出让金收支管理问题，而本书关注于工业用地出让方式的结构，将土地用途的研究从表面化到细致化，将土地出让的研究从收入到面积，将土地出让的研究从规模问题推动到结构问题。

最后，数据使用创新。现有的年鉴类数据，将工业用地和商住用地混在一起，现有大多文献将协议出让用地认为是工业用地，将“招拍挂”出让认为是商住用地，而国务院在 2006 年 8 月 31 日发布了《国务院关于加强土地调控有关问题的通知》，严厉地要求“工业用地必须采用招标、拍卖、挂牌方式出让”。因此，我们在中国土地市场网（http：//www. landchina. com）获得了 2007. 1. 1 ~2014. 12. 31 全部的 130 万条土地交易数据，可以准确区分不同土地类型、不同出让方式的土地交易，并从中提取出全部工业用地出让数据，将其匹配到每个县、市。本书侧重于对工业用地的挂牌出让进行研究，这对我们现有的研究以及未来的研究有重要的价值。

| 第二章 |

制度背景和理论基础

第一节 土地出让方式的背景

一、土地出让方式的分类

目前，土地的出让方式主要有如下五类：划拨、协议出让、挂牌出让、招标出让和拍卖出让①（其他的出让方式发生次数极少：在 2007.1.1 ~ 2014.12.31 工业用地一共发生作价出资或入股 109 宗、授权经营 8 宗）。

我们将不同出让方式的基本形式展示在表 2.1 中。

表 2.1 不同出让方式程序的对比

出让方式	形式	法规名称
划拨	指县级以上人民政府依法批准，在土地使用者缴纳补偿、安置等费用后将该幅土地交付其使用，或者将土地使用权无偿交付给土地使用者使用的行为。依照本法规定以划拨方式取得土地使用权的，除法律、行政法规另有规定外，没有使用期限的限制	《中华人民共和国城市房地产管理法》
协议出让	指国家以协议方式将国有土地使用权在一定年限内出让给土地使用者，由土地使用者向国家支付土地使用权出让金的行为	《协议出让国有土地使用权规范（试行）》

① 程序及详解见第二章第三节和附录 A。

续表

出让方式	形式	法规名称
挂牌出让	指市、县国土资源管理部门发布挂牌公告，按公告规定的期限将拟出让宗地的交易条件在指定的土地交易场所挂牌公布，接受竞买人的报价申请并更新挂牌价格，根据挂牌期限截止时的出价结果或现场竞价结果确定土地使用者的行为	《招标拍卖挂牌出让国有土地使用权规范（试行）》
拍卖出让	指出让人发布拍卖公告，由竞买人在指定时间、地点进行公开竞价，根据出价结果确定土地使用者的行为	《招标拍卖挂牌出让国有土地使用权规范（试行）》
招标出让	指市、县人民政府土地行政主管部门（以下简称出让人）发布招标公告，邀请特定或者不特定的公民、法人和其他组织参加国有土地使用权投标，根据投标结果确定土地使用者的行为	《招标拍卖挂牌出让国有土地使用权规范（试行）》

二、土地出让方式的演进

土地是最基本的生产资料，也是社会经济发展的第一资源，因此，土地公有制是我国社会主义基本经济制度的重要基石，成为我国公有制经济的根本支柱。

新中国成立之后，我国土地公有制具体体现为两方面的内容，即城镇土地实行全民所有制、农村土地实行集体所有制。1979 年之前，我国城市土地的使用是依靠行政划拨且无偿使用的，而农村土地除了个人宅基地外，则必须用于农村集体生产经营、农村土地不得流转作其他用途。

20 世纪 80 年代初始于深圳的有偿转让土地使用权案例开启了中国国有土地有偿使用和出让的历史先河。1988 年上海第一幅国有土地使用权出让，成功拉开了上海试行土地使用权有偿制度的序幕。这些实践推动了我国土地制度、甚至宪法的修订。1988 年 4 月 12 日，《中华人民共和国宪法》有关条例在七届全国人大第一次会议中被正式修改，原先宪法中禁止出租土地的条款被删除，并规定“土地使用权可以依照法律的规定转让”。[①] 这样，土地

① 《中华人民共和国宪法修正案》，1998 年。

所有权和使用权分离并且允许土地使用权转让的做法就正式成为合法行为。第一次修订后的《土地管理法》规定："国有土地和集体所有土地使用权可以依法转让；国家依法实行国有土地有偿使用制度"。① 这些规定在之后《土地管理法》第二次、第三次修订中都被确认，这为国有土地使用权出让制度的诞生奠定了法律基础。

坚持土地公有制是我国目前仍然坚持的基本原则，目前的《宪法》和1998年、2004年修订后的《土地管理法》虽然都明文规定"土地使用权可以依照法律的规定转让"，但在全民所有土地和集体所有土地之间的使用权转让还是有本质区别的。② 在《土地管理法》中，第六十三条规定"农民集体所有的土地的使用权不得出让、转让或者出租用于非农业建设"；第四十三条规定"任何单位和个人进行建设，需要使用土地的，必须依法申请使用国有土地"，"依法申请使用的国有土地包括国家所有的土地和国家征用的原属于农民集体所有的土地"；第二条又有这样的表述："国家为了公共利益的需要，可以依法对土地实行征收或者征用并给予补偿""国家依法实行国有土地有偿使用制度"。③ 从这些条文中可以看出，农村集体所有制土地的使用权虽然可以分离为个人或家庭行使，但是其用途不能更改。这一点在2002年8月制定、2003年3月正式实施的《土地承包法》中可以得到进一步确认。《承包法》在第一条明确了制定本法的目的之一是"赋予农民长期而有保障的土地使用权"；虽然在第三十二条中允许"通过家庭承包取得的土地承包经营权可以依法采取转包、出租、互换、转让或者其他方式流转"，但是在第三十三条中明确规定"不得改变土地所有权的性质和土地的农业用途"。④ 因此，土地使用权出让金的问题实际上只存在于"国有的土地"，集体所有制的土地需要先通过国家征收，变为国有土地之后才能将"使用权"用于非农业用途。⑤ 因此，我国土地进入交易市场的过程实际上存在两个阶段：土地征收阶段和土地出让阶段。从使用权角度来看，征收阶段就是土地使用权从现在的使用者手中转移到政府手里；出让阶段就是通过土地交易让

---

① 《中华人民共和国土地管理法修正案》，1998年。

② 《中华人民共和国土地管理法修正案》，1998，2004年。

③ 《中华人民共和国土地管理法修正案》，2004年。

④⑤ 《中华人民共和国农村土地承包法》，2003年。

使用权转入新使用者手中。

目前在我国，国有土地使用权出让主体是唯一的，只有政府才能出让国有土地使用权。但是，土地使用权出让方式却有很多种。1990 年，在中华人民共和国国务院令第 55 号《中华人民共和国城镇国有土地使用权出让和转让暂行条例》中，虽然土地使用权无偿划拨办法得到了保留，但是在第十三条中具体指明了土地使用权出让可以采取下列方式：协议、招标和拍卖。① 而将挂牌方式正式纳入土地公开出让的范围是在国土资源部 2002 年十一号令《招标拍卖挂牌出让国有土地使用权规定》第二条中。② 因此，现在最主要的土地出让方式有划拨、协议、招标、拍卖和挂牌出让五种。

国家又有政策对五种出让方式的选择进行了限制，特别是在工业用地领域。

1999 年 5 月 6 日生效的国办发 39 号《国务院办公厅关于加强土地转让管理严禁炒卖土地的通知》第五条，商业、旅游、娱乐和豪华住宅等经营性用地，原则上必须以招标、拍卖方式提供。但此项规定并未严格执行，2002 年之前，大多数的工业用地和商住用地都以无偿划拨和协议出让的方式。

2002 年，中国开始土地市场化改革。国土资源部在 2002 年、2003 年相继颁布了《招标、拍卖、挂牌出让国有土地使用权规定》（国土资源部十一号令）和《协议出让国有土地使用权规定》，其中明确规定，“商业、旅游、娱乐和商品住宅等各类经营性用地，必须以招标、拍卖或者挂牌方式出让”，而对于工业用地“在公布的地段上，同一地块只有一个意向用地者的，市、县人民政府国土资源行政主管部门方可按照本规定采取协议方式出让”，也即“同一地块有两个或者两个以上意向用地者的，市、县人民政府国土资源行政主管部门应当按照《招标拍卖挂牌出让国有土地使用权规定》，采取招标、拍卖或者挂牌方式出让”。

2004 年 3 月 31 日，国土资源部、监察部联合下发的国土资发〔2004〕71 号《关于继续开展经营性土地使用权招标拍卖挂牌出让情况执法监察工作的通知》，其中规定 2002 年 7 月 1 日《招标拍卖挂牌出让国有土地使用权

① 《中华人民共和国城镇国有土地使用权出让和转让暂行条例》，1990 年。

② 《招标拍卖挂牌出让国有土地使用权规定》，2002 年。

规定》实施后，除按国家有关政策规定属于历史遗留问题等之外，商业、旅游、娱乐和商品住宅等经营性用地供应必须严格按规定采用招标拍卖挂牌方式，2004 年 8 月 31 日前应完成关于《招标拍卖挂牌出让国有土地使用权规定》实施前的历史遗留问题的界定和处理。① 2004 年 12 月 24 日生效的《国务院关于深化改革严格土地管理的决定》（国发〔2004〕28 号）要求，除按现行规定必须实行招标、拍卖、挂牌出让的用地外，工业用地也要创造条件逐步实行招标、拍卖、挂牌出让。②

2006 年 5 月 31 日国土资源部颁布了《招标拍卖挂牌出让国有土地使用权规范（试行）》和《协议出让国有土地使用权规范（试行）》，这两个法规重申了当且仅当同一宗地只有一个意向用地者时方可采取协议方式出让的基本原则。③ 国有土地使用权的出让计划，并且在事后公布各宗土地的出让结果。随后，国务院在 2006 年 8 月 31 日发布了《国务院关于加强土地调控有关问题的通知》，严厉地要求“工业用地必须采用招标拍卖挂牌方式出让”。④ 因此 2006 年之后，协议出让呈现大规模下降，挂牌出让大规模上升。

2007 年 10 月 1 日生效的《物权法》规定：工业、商业、旅游、娱乐和商品住宅等经营性用地以及同一土地有两个以上意向用地者的，应当采取招标、拍卖等公开竞价的方式出让。⑤ 2007 年 11 月 1 日生效的《招标拍卖挂牌出让国有建设用地使用权规定》：工业、商业、旅游、娱乐和商品住宅等经营性用地以及同一宗地有两个以上意向用地者的，应当以招标、拍卖或者挂牌方式出让。⑥ 根据国土资源部、监察部于 2009 年 8 月 10 日发布的《关于进一步落实工业用地出让制度的通知》（国土资发〔2009〕101 号）规定，各地要严格执行工业用地招标拍卖挂牌制度，凡属于农用地转用和土地征收审批后由政府供应的工业用地，政府收回、收购国有土地使用权后重新供应的工业用地，必须采取招标、拍卖、挂牌方式公开确定土地价格和土地使用

① 《关于继续开展经营性土地使用权招标拍卖挂牌出让情况执法监察工作的通知》，2004 年。

② 《国务院关于深化改革严格土地管理的决定》，2004 年。

③ 《招标拍卖挂牌出让国有土地使用权规范（试行）》《协议出让国有土地使用权规范（试行）》，2006 年。

④ 《国务院关于加强土地调控有关问题的通知》，2006 年。

⑤ 《中华人民共和国物权法》，2007 年。

⑥ 《招标拍卖挂牌出让国有建设用地使用权规定》，2007 年。

权人。根据该通知，工业用地协议出让范围限于三种情形。[①]

《国土资源部关于坚持和完善土地招标拍卖挂牌出让制度的意见》（国土资发〔2011〕63 号）强调，国有土地使用权“招拍挂”出让制度是市场配置国有经营性建设用地的基本制度，并围绕坚持和完善这一制度提出了一系列政策措施和要求。[②]

2014 年 3 月 7 日，国务院颁布《国务院关于进一步优化企业兼并重组市场环境的意见》，第五条规定企业兼并重组中涉及因实施城市规划需要搬迁的工业项目，在符合城乡规划及国家产业政策的条件下，市县国土资源管理部门经审核并报同级人民政府批准，可收回原国有土地使用权，并以协议出让或租赁方式为原土地使用权人重新安排工业用地。[③]

我们可以得出结论：商业、旅游、娱乐和商品住宅等经营性用地开始招牌挂的时间为 2002 年 7 月 1 日，工业用地开始“招拍挂”的时间为 2006 年 8 月 31 日。

第二节　土地用途的背景

一、土地用途的分类

对土地用途进行界定的文件有两类，一是土地利用现状分类标准，二是城市建设用地分类标准。二者在一级类定义和二级类定义基本类似，考虑到

---

① 其中，包含三种情况：第一，由于城市规划调整、经济形势发生变化、企业转型等原因，土地使用权人已依法取得的国有划拨工业用地补办出让、国有承租工业用地补办出让，符合规划并经依法批准，可以采取协议方式。第二，政府实施城市规划进行旧城区改建，需要搬迁的工业项目符合国家产业政策的，经市、县国土资源行政主管部门审核并报市、县人民政府批准，收回原国有土地使用权，以协议出让或租赁方式为原土地使用权人重新安排工业用地。拟安置的工业项目用地应符合土地利用总体规划布局和城市规划功能分区要求，尽可能在确定的工业集中区安排工业用地。第三，采矿、采石、采砂、盐田等地面生产和尾矿堆放用地，鼓励采取租赁，也可协议方式出让。各地可在不高于法律规定的工业用地最高出让年限内，结合探矿权、采矿权出让年限，灵活确定采矿用地租赁和出让年限。

② 《国土资源部关于坚持和完善土地招标拍卖挂牌出让制度的意见》，2011 年。

③ 《国务院关于进一步优化企业兼并重组市场环境的意见》，2014 年。

三个原因，本书土地用途的分类标准采取土地利用现状分类标准的划分：一是随着我国城乡一体化进程的加快，全国土地和城乡地政统一管理也要求城乡土地统一分类；二是土地利用现状分类标准属于国家标准，更准确、全面和权威；三是我们的数据来源于中国土地市场网，该网站数据分类标准同样采取土地利用现状分类标准。

我们研究时间段为2007年1月1日至2014年12月31日，因此我们采取的分类标准为2007年国土资源部颁布的《土地利用现状分类》中的《土地利用现状分类标准》（GB/T21010—2007）。

《土地利用现状分类标准》（GB/T21010—2007）一共分为12个一级类、56个二级类。其中一级类有耕地、园地、林地、草地、商服用地、工矿仓储用地、住宅用地、公共管理与公共服务用地、特殊用地、交通运输用地、水域及水利设施用地和其他用地。①

土地用途的一级和二级分类都比较多，本书仅论述比较相关的几种土地用途的概念。

工业用地是指工业生产及直接为工业生产服务的附属设施用地。工业用地在土地利用现状分类标准中，被统计在一级类工业仓储用地中，并作为二级类单独统计。

住宅用地指主要用于人们生活居住的房基地及其附属设施的土地。住宅用地属于一级用地划分，其包含的二级分类有城镇住宅用地和农村宅基地。

商服用地是指主要用于商业、服务业的用地。商服用地是一级类用地划分，其二级分类包括批发零售用地、住宿餐饮用地、商业服务用地和其他商业用地。

公共管理与公共服务用地指用于机关团体、新闻出版、科教文卫、风景名胜、公共设施等的土地。公共管理与公共服务用地是一级类用地划分，其包括二级分类包括机关团体用地、新闻出版用地、科教用地、医卫慈善用地、问题娱乐用地、公共设施用地、风景名胜用地和公园与绿地。

---

① 《土地利用现状分类标准》，2007年。

二、不同用途的土地的出让方式的概述

对于不同用途的土地，政府选择出让方式的倾向不同。

公共管理与公共服务用地一般承担着提供公共服务的职能，有很大程度的公益性，且土地受让方一般为政府机关单位，因此其大部分都是行政性的划拨出让，出让价格也较低。

商住用地（商业用地和住宅用地）和工业用地虽然同属于经营性用地，但是其出让方式倾向也不一样。正如我们前面所说，绝大部分服务业提供的是在本地消费的非贸易性（non - tradable）服务，住宅更是在本地消费的非贸易性（non - tradable）服务；由于地方政府基本垄断了本地商住用地一级市场，必然有很强价格控制能力，住用地方面形成了众多“局域性卖方市场”；在局域性卖方市场上，地方政府倾向选择“拍卖”和“招标”的形式推高价格，获得高额的土地出让金。[①]

工业用地出让方式的特征我们会在后文中详细论述。

第三节 工业用地出让方式的性质和研究视角

以往文献研究出让方式的视角主要有两大类，第一，以“协议”和“招拍挂”区分“工业用地”和“商住用地”；第二，“协议”和“招拍挂”划分政治联系。

目前大多数文献，因为数据的限制，特别是《中国国土资源年鉴》在2010年之前未提供地方政府各种用途（商服、工矿仓储、公用设施、公共建筑、住宅等）的土地出让数据，只提供了几种出让方式的总量数据，2010年之后也未提供分用途分出让方式的数据。于是相关实证研究不得不无奈地假定协议方式出让的主要是工业用地，而“招拍挂”方式出让的主要是商服

① 陶然，陆曦，苏福兵，汪晖，2009：《地区竞争格局演变下的中国转轨：财政激励和发展模式反思》，《经济研究》，第7期，第21—33页。

住宅用地，从而相关研究以“协议出让”作为出让工业用地的代理变量，而以“招拍挂出让”作为出让商服住宅用地的代理变量。[①] 因为2007年之前，工业用地确实大多被地方政府以协议出让的方式所出让，但2007年之后，这一状况发生了巨大的改变。因为国务院在2006年8月31日发布了《国务院关于加强土地调控有关问题的通知》，严厉地要求“工业用地必须采用招标拍卖挂牌方式出让”，基本堵住了工业用地协议出让的通道。[②]

其次，关注土地出让方式的文献，大多关注在“协议”和“招拍挂”划分政治联系。但在2006年“8·31”大限之后，协议出让面积大幅度下降的同时挂牌出让大幅度上升，我们认为挂牌其实是对协议的替代，政府干预的方式由协议变成了挂牌，这是政府干预的转变。

本书将关注集中在新一轮土地市场化改革后工业用地的出让方式上面，特别是工业用地的挂牌出让。

本书的研究视角根据工业用地不同出让方式的市场化程度来划分政府干预强度，将工业用地的“划拨”“协议”和“挂牌”出让看作低市场化出让方式，将工业用地的“招标”和“拍卖”出让看作高市场化出让方式。

一、工业用地出让方式的市场化特征

我们现将工业用地出让方式以市场化强度的性质划分为两大类：一是低市场化类，二是高市场化类。

我们这里先解释一下分类中所强调的“市场化”。绝大部分服务业提供的是在本地消费的非贸易性（non - tradable）服务。由于地方政府基本垄断了本地商住用地一级市场，必然有很强价格控制能力，住用地方面形成了众多“局域性卖方市场”。

但中国的制造业部门，特别是我国有比较优势的中低端制造业的一个特点是缺乏区位特质性（location non - specificity）。大部分的制造业企业产品的目标消费者并不在本地，而是分布在各个地区甚至各个国家，其生产的是

① 杨其静，卓品，杨继东，2014：《工业用地出让与引资质量底线竞争——基于2007~2011年中国地级市面板数据的经验研究》，《管理世界》，第11期，第24-34页。

② 《国务院关于加强土地调控有关问题的通知》，2006年。

一种可贸易产品（tradable goods）。因此，企业对生产成本较为敏感，而土地成本也是其重要组成部分，因此也较容易调整生产区位。因此，与商业用地的“局域性卖方市场”不同，工业用地市场上政府只是一个“竞争性供应者”，每一个地方政府都是竞争性供应者。[①] 因此，在工业用地出让层面，是存在一个竞争性的市场的。

二、工业用地出让方式的研究视角与核心概念

市场化程度较低包括划拨、协议出让和挂牌出让；市场化程度较高包括拍卖出让和招标出让。不同出让方式的对比如表 2.2 所示。

表 2.2　　不同出让方式的对比

出让方式	市场化程度	特点和问题
划拨出让	低市场	纯行政性（一般免费，且无时间限制）
协议出让	低市场	政府与意向企业协商，单一竞买者成交（“8·31” 大限之后，大多是遗留问题）
挂牌出让	低市场	两阶段出让，第一阶段设置交易条件，可与单一竞买者成交
拍卖出让	高市场	竞拍阶段，三人以下竞买者取消出让
招标出让	高市场	招标阶段，三人以下竞买者取消出让

划拨是政府将土地使用权无偿交付给土地使用者使用的行为，是一种纯粹的行政行为，其完全受政府干预，其市场化程度最低。划拨出让是指县级以上人民政府依法批准，在土地使用者缴纳补偿、安置等费用后将该幅土地交付其使用，或者将土地使用权无偿交付给土地使用者使用的行为。依照本法规定以划拨方式取得土地使用权的，除法律、行政法规另有规定外，没有使用期限的限制。对于政府而言，土地使用权划拨属于一种无偿的行政配置方式，因此国家对于划拨用地范围有严格限制。《中华人民共和国土地管理法》第 54 条明确规定，经县级以上人民政府批准，国家重点扶持的能源、交通、水利等基础设施用地可以以划拨方式取得，后续颁布的《划拨用地名

① 陶然，陆曦，苏福兵，汪晖，2009：《地区竞争格局演变下的中国转轨：财政激励和发展模式反思》，《经济研究》，第 7 期，第 21 – 33 页。

录》将其细化。

协议出让是政府对于单一的土地受让方采取的土地出让方式，2003 年《协议出让国有土地使用权规定》明确提出，工业用地“在公布的地段上，同一地块只有一个意向用地者的，市、县人民政府国土资源行政主管部门方可按照本规定采取协议方式出让”。[①] 其由地方政府与特定用地需求者进行协商确定地价，由于非公开以及缺乏竞争机制，协议形成的地价往往偏低，且受到政府决策的直接影响，因为其缺乏竞争者，这也能使政府达到定向出让的目的，其市场化程度也是较低的。

拍卖出让和招标出让本质上是升价拍卖和一价拍卖，属于市场化程度较高的土地出让方式。拍卖出让是“出让人发布拍卖公告，由竞买人在指定时间、地点进行公开竞价，根据出价结果确定土地使用者的行为”，属于公开市场上的升价拍卖，但是在竞拍阶段，如果只有三人以下竞买者，则取消出让。招标出让是“指市、县人民政府土地行政主管部门（以下简称出让人）发布招标公告，邀请特定或者不特定的公民、法人和其他组织参加国有土地使用权投标，根据投标结果确定土地使用者的行为”，属于公开市场上的一价拍卖，但是在招标阶段，如果三人以下竞买者，则取消出让。

最后我们来看一下中国特有的挂牌出让。挂牌出让是“指市、县国土资源管理部门发布挂牌公告，按公告规定的期限将拟出让宗地的交易条件在指定的土地交易场所挂牌公布，接受竞买人的报价申请并更新挂牌价格，根据挂牌期限截止时的出价结果或现场竞价结果确定土地使用者的行为”。[②]

在以往的很多文献中，都将挂牌和拍卖、招标出让等同对待，认为是类似的市场化出让方式。2011 年，国土资源部发布《国土资源部关于坚持和完善土地招标拍卖挂牌出让制度的意见》，指出“国有土地使用权‘招拍挂’出让制度是市场配置国有经营性建设用地的基本制度，它充分体现了公开公平公正竞争和诚实信用的市场基本原则，建立了反映市场供求关系、资源稀缺程度、环境损害成本的价格形成机制，完全符合社会主义市场经济体制的基本方向”，“‘招拍挂’制度”符合“市场优化配置土地资源的基本原

---

① 《协议出让国有土地使用权规定》，2003 年。

② 《招标拍卖挂牌出让国有土地使用权规范（试行）》，2006 年。

则，符合法律政策要求，同时在抑制行政权力干预市场，从源头上防治土地出让领域腐败中发挥了重要作用”。[①] 我们可以推断出，在以往文献和政府文件中，“招标”“拍挂”“挂牌”都是等同于市场化出让的。

但是，本书认为，挂牌出让是区别于拍卖和招标的一种市场化程度较低的出让方式。我们将提供五个层面的证据来说明挂牌是市场化程度较低的一种。

第一，程序分析。挂牌出让称为政府干预的主要手段，核心在于当只有一个竞买者的时候，挂牌出让可以成交，而招标和拍卖的竞买者少于三人时，出让取消。挂牌本质上是一种两阶段拍卖：首先是第一阶段报价阶段，竞价人通过挂牌来参与竞价，当第一阶段报价结束时，仍然有人继续竞价，则自动转为第二阶段即公开拍卖阶段，此时与拍卖出让方式无差异。这种两阶段的设计相当于在市场机制和政府干预之间安上了一道阀门：倘若政府需要实施干预，那么可以通过在第一阶段设置特定的门槛从而达到土地的定向供应。在土地正式挂牌前，地方政府将与意向用地单位事先沟通交易条件。在与一家或多家用地单位协商后，地方政府与潜在的用地单位基本达成成交意向，在正式挂牌出让时，地方政府将通过设置竞价申请的准入条件来“阻挡”其他潜在的竞价者。由于《招标、拍卖、挂牌出让国有土地使用权规定》（国土资源部 2002 年十一号令，第 13 条和第 16 条）要求土地公开拍卖和招标的组织条件是大于 3 个竞拍者，这使得在拍卖和招标方式下，为竞买企业设置特定“门槛”存在困难：倘若“门槛”过高，将无法达到超过 3 个竞买者的组织条件从而导致流拍；倘若“门槛”过低，则达不到实施干预的初衷。而《招标、拍卖、挂牌出让国有土地使用权规定》（国土资源部 2002 年十一号令）中第 19 条规定挂牌出让，在即使只有一个竞买者的时候，也可以成交。[②] 并且，在“招拍挂”的出让程序的法律条文（土资源部 2002 年十一号令第 2 条）中，只有挂牌强调了“交易条件”。因此，政府会在挂牌出让的第一个阶段设置特定“交易条件”限制一个企业进入从而达到干预的目的。

① 《国土资源部关于坚持和完善土地招标拍卖挂牌出让制度的意见》，2011 年。

② 王媛，杨广亮，2016：《为经济增长而干预：地方政府的土地出让策略分析》，《管理世界》，第 5 期，第 18 – 31 页。

第二，趋势解析。在2007年之前，政府干预工业用地出让主要是采取协议出让的方式，协议出让占据主流地位。国务院在2006年8月31日发布了《国务院关于加强土地调控有关问题的通知》，严厉地要求“工业用地必须采用招标拍卖挂牌方式出让”。因此2006年之后，我们可以观察到协议出让呈现大规模下降，挂牌出让大规模上升，这也一定程度上说明了挂牌出让是协议出让的一种替代形式，如图2.1所示。

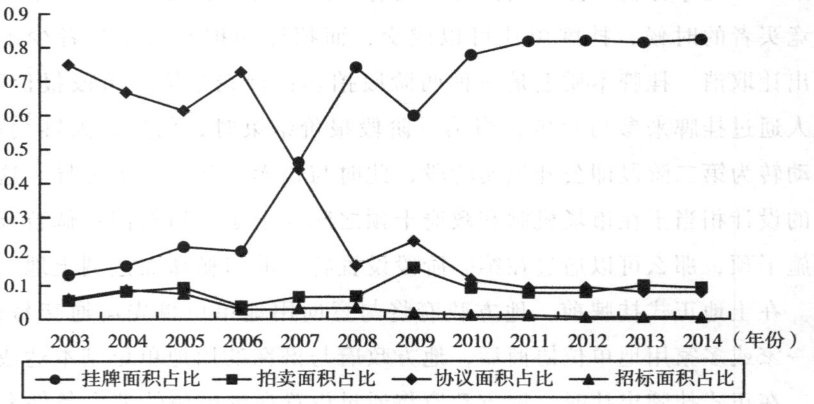

图2.1　不同土地出让方式的占比

资料来源：笔者根据《国土资源年鉴》、中国指数研究院和中国土地市场网数据整理而得。[①]

第三，相关人员采访咨询。我们采访并咨询了东部、中部、西部省份数名国土资源部门政府工作人员，其对“挂牌方式中，政府意向执行能力较强，政府干预、操作空间较大，可以实现基本定向出让的目的”得到了肯定的回复。

第四，案例解读。位于深圳市龙华区观湖办事处的工业用地A909－0152宗地于2017.8.25发布挂牌出让公告，该宗地土地面积5810.68平方米，建筑面积34860平方米，土地使用年期为30年，挂牌起始价为7320万元。我们来看挂牌条件：（1）该宗地块准入产业为生物产业；（2）该宗地要求竞买申请人从事生物产业不少于5年；（3）同时是在深圳注册的企业法

① 土地出让方式的面积趋势。这里是全口径的土地出让，因为我们需要2003～2006年和2007～2014年的对比，而无论《国土资源年鉴》还是中国土地市场网数据无法获得2007年之前的工业用地出让数据，因此我们只好用全用途的土地出让来表现趋势。

人；（4）且应当是国家或深圳市高新技术企业或获得我市高新项目认定的企业。最终，总共一次出价，成交价即起始价。

第五，文献分析。虽然现在主流文献都将“招拍挂”归为一类，但是依旧有 Hongbin Cai（2013）和王媛（2016）也和本书持同样观点，认为挂牌不同于招标和拍卖，挂牌可以达到定向出让的目的。

因此，我们的研究视角就是政府干预的视角，研究对象就为政府干预视角下的工业用地出让方式的结构。我们按市场化程度划分的工业用地的出让方式分类为：市场化程度较低的划拨、协议出让和挂牌出让；市场化程度较高的拍卖出让和招标出让。工业用地出让方式的结构即为工业用地低市场化出让的面积占工业用地出让总面积的比重，即工业用地划拨、协议和挂牌出让的面积之和占工业用地出让总面积的比重。

第四节　工业用地出让方式的研究价值

为了明确工业用地出让方式的研究价值，我们需要回答三个问题：一是为何选择“出让方式”作为研究对象；二是为何是“出让方式的面积之比”而不是“价格偏离”作为研究对象；三是为何选择“工业用地的出让方式”作为研究对象。

为何选择“出让方式”作为研究对象？在土地出让层面，政府干预出让的方式有两种：（1）控制土地供应量；（2）人为选择出让方式。据现实情况来看，土地供应量不是其干预地方经济的主要手段。地方政府扩大土地供给的行为被严格限制，其在供应量上的干预力度有一定的限制。证据有两点：（1）政策法规：中国在土地公有制上实行严格的土地用途管制制度和严格的保护耕地制度，因而一个城市的土地供应受到中央政府和省级的严格管制，《土地利用年度计划管理办法》（1999 年制定，2004 年修订，2006 年修订，2016 年修订）规定，国土资源部根据全地利用年度计划总量控制指标建议和省、自治区直辖市提出的计划指标建议，编制全国土地利用年度计划草案，纳入年度国民经济和社会发展计划草案，上报国务院；经国务院审定后，下达各地参照执行；待全国人民代表大会审议通过经济和社发展计划草案后正式执行①。(2) 执行力度较强：①查处了一批土地违法现象（梁若冰，2009)；②我们观察到年底 12 月土地出让的数量（见图 2.2）明显多于前 11 个月（如果执行力度不强，政府会选择留存到下年借机出让，也是因为“地利用年度计划一经批准下达，必须严格执行；没有完成土地开发整理计划指标的，核减下一年度的农用地转用计划指标”②)。我们认为对于地方政府而言，土地出让方式是其干预土地市场和经济运行的主要手段。

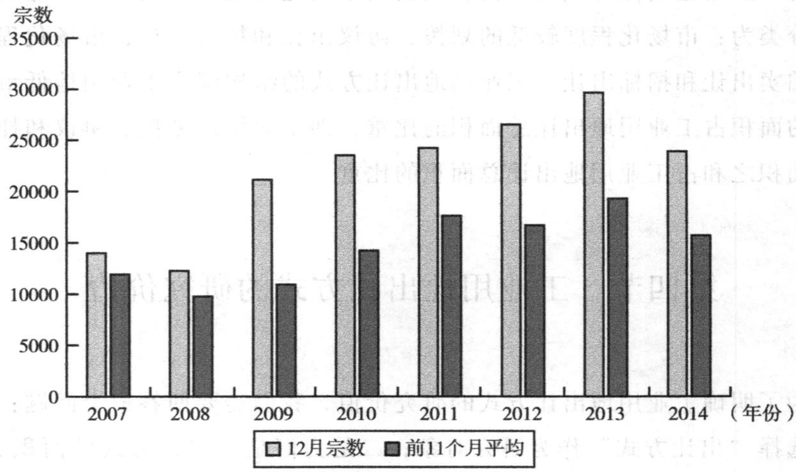

图 2.2　工业用地出让的月份差异

资料来源：笔者根据中国土地市场网数据整理而得。

为何是“出让方式的面积之比”而不是“价格偏离”作为研究对象？原因有三：一是价格是表现，出让方式是实质。土地的低价供给只是表现，出让方式是导致低价的手段，更是实质，只有通过低市场化出让的方式才能到达低价供给和定向供给的目的。二是价格并不是一个非常好的指标，原因在于价格还和供给量、需求量有关，也和地块的位置相关，也和土地的真实成本有关，并且我们也无法获得土地的真实用地成本。三是价格数据的质量也不好，根据我们数据整理发现，在价格层面的错误比较多。

---

① 其他相关规定还有《关于清理各类园区用地加强土地供应调控的紧急通知》(国土资发〔2003〕45 号)；《关于深入开展土地市场治理整顿严格土地管理的紧急通知》(国办发明电〔2004〕20 号)。

② 《土地利用年度计划管理办法》，1999 年。

为何选择“工业用地的出让方式”作为研究对象？我们选择工业用地出让方式作为我们的研究对象，是因为工业用地相对于其他用途的土地有如下特殊研究价值：第一，工业用地占比巨大。以 2017 年为例，工业用地出让总面积占土地出让总面积的48%，占据了土地出让领域的半壁江山[①]，其巨大的体量决定了其研究价值的巨大。第二，在工业用地出让市场上，政府属于“竞争性的供应者”，不属于“局域性的买方”。绝大部分服务业提供的是在本地消费的非贸易性（non – tradable）服务，由于地方政府基本垄断了本地商住用地一级市场，居住用地方面形成了众多“局域性卖方市场”；但是在制造业部门，大部分制造业企业并不是为本地消费者进行生产，而往往是为其他地区乃至国外生产可贸易品（tradable goods）。因此，与商业用地的“局域性卖方市场”不同，工业用地市场上政府只是一个“竞争性供应者”，每一个地方政府都是竞争性供应者。第三，工业用地的出让方式有多样性。在公益性用地市场上，出让的方式比较单一，大多采取行政性的划拨出让方式；在其他经营性用地市场上，一般采取拍卖的形式；而工业用地出让市场上，多种出让方式并存，具有研究的可比性和多样性。第四，工业用地每种出让方式的形式比较固定。经历了 2015 ~ 2017 年房价的空前暴涨之后，政府出台了一系列创新型的商业和住宅用地出让方式，如“限地价，竞配套”“限地价，竞自持年限”等，但是这些方式依旧计入协议出让或“招拍挂”出让，给我们的研究商住用地的出让方式造成很大的困难和不规范，但是工业用地的每种出让方式的形式都比较固定和规范，也给我们的研究提供合理性和规范性。

第五节　理论基础

一、理论框架

政府干预是指政府通过政治权力来操纵经济运行。Frye 和 Shleifer（1997）

① 笔者整理自中国土地市场网和中国指数研究院。

提出在转型经济体中，“扶持之手”（helping hand）最直接的表现就是政府干预。扶持之手的理论基础，即市场失灵需要政府干预，而政府以追求社会福利最大化为目标，因此在促进经济发展过程中扮演着“仁慈型政府”的角色。根据扶持之手理论，政府的干预和补贴可以修正市场失灵，从而促进经济增长。掠夺之手理论认为，政治家们的目标并不是社会福利最大化，而是追求自己的私利。政府通过一系列不透明的政府干预，获得政治租金，并不在意干预的效率。在干预不存在或者干预一致的完全竞争市场中，经过市场竞争之后，效率比较低的企业将从市场中退出，在均衡的状态下，完全竞争市场中的企业生产效率将会完全相同。但是，当市场上生存的企业间生产效率分布的离散程度越大，则说明越多的低效率企业未能在市场竞争中淘汰，该市场的资源配置效率越低，总体的企业生产率也越低，从而经济增长受到抑制。

政府干预是否有利于市场机制的健康运行，是判断其有效性的第一准则。根据政府干预的有效性，我们将政府干预分为适度干预和不当干预两种。适度干预意味着干预是有效的，其有利于市场机制的健康运行，可以弥补市场本身的一些缺陷，合理修复市场失灵，也能更好地发挥政府的作用。不当干预则代表着干预是无效的，其反而抑制了市场机制的良好运行，政府本身是由个体构成，可能由于目标的背离、信息的不完全导致了寻租行为、不良的政府竞争、决策滞后或者失误，其无法弥补市场失灵，甚至会在一定程度上加剧市场失灵。从政府干预的有效性原则来看，“扶持之手”属于适度干预，而“掠夺之手”则属于不当干预。

在中国土地交易市场，政府干预有两点特殊性：

第一，土地的模糊产权是政府干预的逻辑起点。

土地是最基本的生产资料，也是社会经济发展的第一资源，因此，土地公有制是我国社会主义基本经济制度的重要基石，成为我国公有制经济的根本支柱。新中国成立之后，我国土地公有制具体体现为两方面的内容，即城镇土地实行全民所有制、农村土地实行集体所有制。1979 年之前，我国城市土地的使用是依靠行政划拨且无偿使用的，而农村土地除了个人宅基地外，则必须用于农村集体生产经营、农村土地不得流转作其他用途。20 世纪 80 年代初始于深圳的有偿转让土地使用权案例开启了中国国有土地有偿使用和出让的历史先河，并推动了《宪法》[①]《土地管理法》[②] 和《中华人民共和国城镇国有土地使用权出让和转让暂行条例》[③] 等相关法律、条例的修订。总体来说，土地使用权和所有权分离，改变过去无偿、无期限的土地使用方式，将使用作为有期限的“权利”而进行有偿流转。

土地的“模糊产权”是和公有制相联系的。模糊产权（Ambiguous Property Right）是在控制权层面来定义的，因为任何的产权和所有权都是通过控制权来实现的，控制权是产权最根本的层面。所谓“模糊产权”，是指由于市场环境的变化，新出现的盈利性的资本产权束因为没有得到最终控制权的及时、明确界定，从而处于“开放状态”，进而成为被竞相攫取的“公地”。[④] 我国土地公有制具体体现为两方面的内容，即农村土地实行集体所有制和城镇土地实行全民所有制。第一，农村土地实行集体所有制，但集体所有并没有一个准确而明晰的界定，农村土地的产权在事实上存在着虚置的情况，这些土地产权的虚置，我们可以称之为产权的“模糊”。随着城市化的浪潮，城市有不断扩大的趋势，大量的农村土地就有可能被城市所吞并，从而进行商业行为或者工业行为，即出现了有获利性的资本产权束。这些有获利性的资本产权束在还没有被明确而及时界定的状况下，其出于“开放状态”，可被低价获得。新出让的土地绝大多数来源于农村土地，在土地征收阶段，模糊产权问题就给政府的介入提供了正当性，农村土地征收之后转变为城镇土地。第二，城镇土地实行全民所有制也存在模糊产权问题，但是其主要是土地的所有权与使用权的分离导致，在土地出让阶段，城镇土地模糊

---

① 《中华人民共和国宪法》规定“城市的土地属于国家所有。农村和城市郊区的土地，除由法律规定属于国家所有的以外，属于集体所有；宅基地和自留地、自留山，也属于集体所有。任何组织或者个人不得侵占、买卖或者以其他形式非法转让土地。土地的使用权可以依照法律的规定转让”。

② 1988 年我国对《土地管理法》也进行了第一次修订。1986 年制定的《土地管理法》第二条是这样规定的：“中华人民共和国实行土地的社会主义公有制，即全民所有制和劳动群众集体所有至制。任何单位和个人不得侵占、买卖、出租或者以其他形式非法转让土地”。第一次修订后的《土地管理法》规定：“国有土地和集体所有土地使用权可以依法转让；国家依法实行国有土地有偿使用制度”。

③ 1990 年 5 月国务院颁布了《中华人民共和国城镇国有土地使用权出让和转让暂行条例》进一步细化了各类城镇国有土地使用权出让、转让的期限、方式以及程序等操作规范，并且明确对给予“国有土地使用权出让制度”以明确定义，即“土地使用权出让是指国家以土地所有者的身份将土地使用权在一定年限内让与土地使用者，并由土地使用者向国家支付土地使用权出让金的行为”。

④ 江飞涛，耿强，吕大国，李晓萍，2012：《地区竞争、体制扭曲与产能过剩的形成机理》，《中国工业经济》，第 6 期，第 44 - 56 页。

产权问题也给政府的介入提供了正当性。

第二，政府在土地交易市场干预的能力非常强大。

中国政府在土地领域拥有绝对的权力和垄断，其模式可以概括为“一个龙头进水、一个龙头出水”。“一个龙头进水”指的是，只有政府有权利征收土地，国家建设征用土地的主体必须是国家，集体土地转化为建设用地唯一的合法途径为国家征收，这保证了政府在土地征收阶段的绝对垄断；“一个龙头出水”指的是，只有政府有权利出让国有土地的使用权，相关法律将包括工业用地在内的国有建设用地的垄断开发权授予给了市、县级地方政府，这保证了政府在土地出让阶段的绝对垄断。[①] 中国政府经营土地的“一个龙头进水、一个龙头出水”模式，保证了政府在土地征收和出让阶段的绝对权力，其在土地一级市场拥有绝对垄断地位。

土地出让层面，政府权力不受限制。第一，预算透明程度低，且土地出让收入属于预算外收入。我国预算透明度偏低，根据上海财经大学 2017 年的估计，我国各省财政透明度均值仅为 48.26 分，及格线以上的省份仅有 6 个。土地出让收入被计入政府性基金账本，属于预算外收入，目前只公开了政府性基金预算调查栏目中不到 48% 的信息，其分项财政透明度得分也仅为 47.9 分。第二，土地出让方式的选择不受限制。实际上，虽然现在对协议出让有一定的限制，但是对地方政府选择拍卖和挂牌之间，并没有特别严格苛刻的规定，县市政府的自主权力非常大。第三，土地出让方式造成的财政补贴几乎不受任何监督和限制。这种财政补贴不在政府一般公共预算内也不在政府性基金内，甚至不在任何政府账本内，其监督和限制机制属于真空状态。

因此，政府在干预土地一级市场时能力强大并不受制度性的制约。

二、工业用地出让方式形成原因的理论回顾

本书将工业用地出让方式结构置于政府干预的大框架内，因此需要从政府干预的视角考虑工业用地出让方式结构的形成原因。在这一部分我们结合“掠夺之手”提出了形成原因的理论构架：寻租动机。

---

① 1990 年 5 月，国务院《中华人民共和国城镇国有土地使用权出让和转让暂行条例》。

Shleifer 和 Vishny（1994）提出“掠夺之手”理论，企业获得补贴有可能并不是因为企业的正外部性、企业本身的高效和推动整个社会资源配置效率提升的效果，而是因为补贴过程的“暗箱”操作，即企业家和政府官员之间的双向贿赂和寻租活动：一方面，为了获得更多选票和竞选资金，政府官员有非常强烈的寻租动机；另一方面，作为回报，向企业家提供财政补贴以获得企业家的支持。此外，Hellman 等（2003）提出的政府俘获理论（State Capture）认为，在转型经济国家，企业通过向政府官员提供好处或贿赂来使政府制定和实施有利于自身的法律、政策和规章。这些国家大多权力集中程度较高，并且权力行使缺乏有效监督，所以很多政府官员利用权力进行寻租和腐败。

地方政府的工业用地土地出让方式的选择不受限制，特别是在拍卖和挂牌之间。实际上，虽然现在对协议出让有一定的限制，但是对地方政府选择拍卖和挂牌之间，并没有特别严格苛刻的规定，县市政府的自主权力非常大。土地出让方式造成的财政补贴几乎不受任何监督和限制。这种财政补贴既不在政府一般公共预算内也不在政府性基金内，甚至不在任何政府账本内，其监督和限制机制属于真空状态。在一些财政补贴项目中，政府官员可能故意把授予补贴的标准做得很模糊或者具有很强的任意性。但与土地出让方式的补贴不同，政府会对参与此次土地出让的标准定得非常细致，甚至可以达到“量身定做”的模式，非市场化的土地出让方式给地方政府官员“设租”和企业寻租提供了很大的自由空间。

因此，我们认为这种寻租的动机在一定程度上导致了工业用地低市场化出让的形成。

三、工业用地出让方式影响的理论回顾

政府干预工业用地出让方式对经济造成影响，主要是影响经济增长的质量，特别是资源配置效率和创新能力。

政府干预工业用地出让方式并没有改善资源配置效率，反而从四个方面导致了资源配置效率的降低。首先，工业用地的低市场化出让导致企业选址决策扭曲。工业企业的产品所面对的市场不仅仅是本地市场，往往是全国市场甚至是全球市场，因此企业选址不一定要选择本地。企业选址十分重要，

其选址的时候，既需要继续要考虑交通和集聚效果，也要考虑土地的成本，企业自然会有一个权衡（tread - off）。在没有政府干预和补贴的时候，企业根据其生产率自然可以达到一个选址空间上的均衡。当政府进行地价补贴时，企业的土地成本的价格信号就会失灵，企业的选址决策就会出现扭曲，从而使生产率偏离最优水平（Glaeser，2008）。其次，工业用地的低市场化出让导致要素价格信号扭曲。地价补贴使土地要素价格信号扭曲，使企业过度依赖于土地价格补贴，缺乏动力改善管理经营方式和降低其他成本，从而导致全要素生产率的止步不前甚至下降。再次，工业用地的低市场化出让会使企业产生“寻地”投资。地价补贴会使企业产生想要俘获补贴的投资，如向政府部门“游说”或者“行贿”的投资，而不是致力于改善全要素生产率。最后，由于政府与企业间的信息不对称，政府一般处在信息相对不完善一方，而且政府给予企业的低价土地会面临道德风险，更严重的是企业获得低价土地有可能是逆向选择的结果。当政府的信号鉴别机制不完善或者有效性较低的时候，企业会选择释放虚假信号，造成企业的虚假繁荣，从而欺骗政府获得低价土地，这样也会抑制全要素生产率。

因此，本书认为政府干预工业用地出让方式并没有改善资源配置效率，反而导致了资源配置效率的降低，即通过资源错配机制影响到经济增长。

政府干预工业用地出让方式并没有改善创新能力，反而从四个方面抑制了创新。首先，信息不对称理论。政府与企业之间存在信息不对称，政府实际上没有能力（甚至也没有意愿）来筛选出那些应该获得财政补贴的有创新能力的企业，导致财政补贴没有在创新领域得到有效的配置。其次，委托代理理论。即使政府筛选出了创新企业，也由于政府和接受地价补贴的企业存在委托代理问题，政府没有能力（甚至也没有意愿）监管企业将更多的资源投入创新中去。再次，工业用地的低市场化出让会使企业产生“寻地”投资。和全要素生产率类似，地价补贴会使企业产生想要俘获补贴的投资，如向政府部门“游说”或者“行贿”的投资，而不是致力于改善企业的创新能力。最后，替代效应。地价补贴也不是直接作用于创新领域，地价补贴会使企业依赖于土地成本，对创新投资存在替代效应，从而减少对创新的投资。

因此，本书认为政府干预工业用地出让方式并没有改善创新，反而导致了创新的降低，即通过创新抑制机制影响到经济增长。

| 第三章 |

工业用地出让方式的现状与趋势

第一节　全国工业用地出让方式的现状与趋势

正如我们前面所提到的，工业用地的出让方式实际上是一种政府干预的方式。土地出让收入本身属于预算外收入，计入政府性基金账目。更重要的是，这种出让方式造成的隐形财政补贴在国有土地使用权出让金收入科目①和国有土地使用权出让金支出科目②都没有体现。由于这种隐形财政补贴并没有出现在任何财政预算科目中，因此在研究这种隐形财政补贴的影响之前，我们需要弄清楚工业用地出让方式当前的格局和特征。

一、工业用地划拨、协议、挂牌、拍卖和招标出让的现状与趋势

（一）工业用地划拨、协议、挂牌、拍卖和招标出让的价格对比（如图3.1和图3.2所示）

2007～2014年，我国工业用地划拨出让价格的走势不明显，具有很大的波动性，这也符合行政性、强干预和低市场化的特征。价格最低的一年为2008年，平均价格为每公顷2.34万元，在2013年工业用地划拨价格达到了

① 见附录B：2017年土地出让金收入科目内容。

② 见附录C：2017年土地出让金支出科目内容。

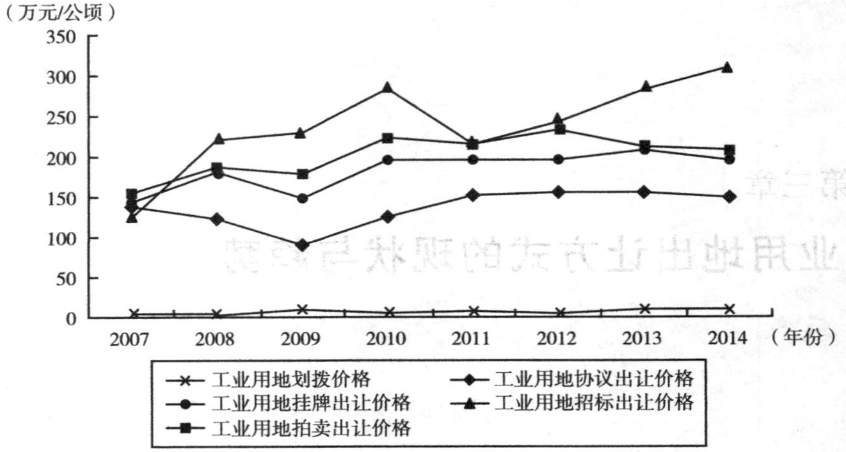

图 3.1　2007～2014 年工业用地不同出让方式的价格对比

资料来源：根据中国土地市场网数据整理而得。

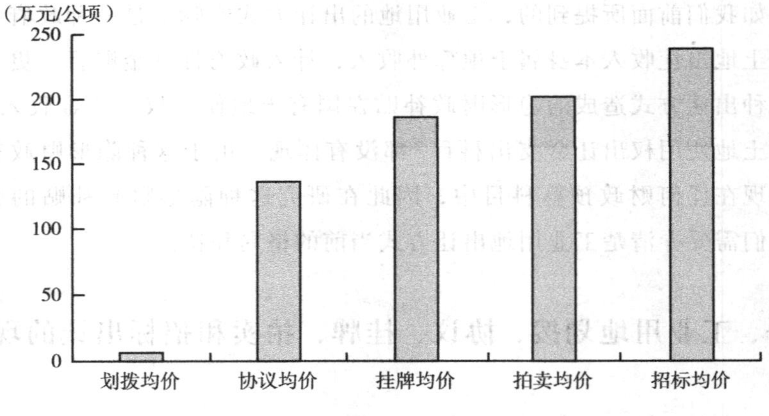

图 3.2　工业用地不同出让方式的平均价格对比

资料来源：根据中国土地市场网数据整理而得。

峰值每公顷 9.83 万元。在样本期间，工业用地的协议出让价格呈现“V”形趋势。从 2007 年开始下降，到 2009 年达到最低点 90 万元每公顷。在 2008～2011 年呈现比较稳定的增长趋势，2011 年之后呈现基本稳定的特征，工业用地协议出让价格稳定在每公顷 150 万元左右。对于挂牌出让来说，2007 年工业用地挂牌出让平均价格为每公顷 144 万元，2008 年有较大增长，其平均价格为每公顷 181 万元，但是 2009 年又降至每公顷 148.5 万元。2010 年之后，工业用地挂牌出让价格趋势稳定呈现缓慢增长，稳定在每公顷 200 万元左右。在样本期间，工业用地招标出让的价格在 2007 年仅为每公顷 124 万元，2008 年此价格便增长到每公顷 220 万元，而在 2010 年价格已经突破每公顷 280 万元。在 2011 年，工业用地招标出让价格有一定程度的下降，其价格下跌到每公顷 215 万元。在 2011 年之后，工业用地招标出让又开始了比较稳定的增长，到 2014 年已经增长到每公顷 309 万元。样本期间，拍卖价格维持在每公顷 155 万 ~230 万元。2007 年为历年最低，价格为每公顷 155 万元。整体有一定的涨势，在 2010 年之后，价格维持在 200 万元之上。最高价出现在 2013 年，工业用地拍卖出让价格达到了每公顷 232 万元。2007 ~2014 年，拍卖出让工业用地的平均价格也已经达到了每公顷 200 万元。

对比来看，工业用地不同出让方式的价格排序为：（1）招标出让；（2）拍卖出让；（3）挂牌出让；（4）协议出让；（5）划拨出让。我们可以看出，随着市场化程度的降低，出让价格也随之降低。市场化程度最高的招标出让均价是市场化程度最低的划拨出让的 37 倍，协议和挂牌出让均价也分别相当于招标出让的 57% 和 78%。其中，2010 年划拨价格仅相当于当年招标价格的 1.8%；2009 年，协议价格仅相当于当年招标价格的 40%，挂牌价格相当于当年招标价格的 64%。

（二）工业用地划拨、协议、挂牌、拍卖和招标出让的面积对比

整体来看，市场化程度较低的挂牌、协议和划拨面积高于市场化程度较高的招标和拍卖出让，如图 3.3、图 3.4 和图 3.5 所示。2007 ~2014 年，工业用地划拨出让占工业用地出让总面积的比例呈现“M”形趋势。在 2008 ~2010 年，呈现不断下降的态势，从 5.65% 一直下降到 2.7%。从 2010 年一直上升到 2013 年，2013 年工业用地划拨出让占工业用地出让总面积的比例一度达到了 10.94%。我国工业用地协议出让的面积在 2007 年之后有一个较大的滑坡，原因在于国务院在 2006 年 8 月 31 日发布了《国务院关于加强土地调控有关问题的通知》，除特殊情况外，严厉地要求“工业用地必须采用招标拍卖挂牌方式出让”，这导致了随后协议出让的大幅度下降，工业用地的协议出让面积由 2007 年的 59615 公顷下降到 15137 公顷，跌幅高达 75%。2009 年相对于 2008 年，有一个短暂的回调上升，上升到 26390 公顷。但在

2009 年之后，进入一个相对稳定的下跌时期，2014 年工业用地的协议出让面积仅相当于 2009 年的 29% 和 2007 年的 13%，出让面积仅 7694 公顷。在“8・31”大限之后，除部分情况外工业用地的协议出让被明令禁止，工业用地的挂牌出让开始占据主流地位。在 2007 ~ 2011 年，工业用地的挂牌出让面积持续增长，由 2007 年的 24581 公顷增长到 2011 年的 164714 公顷，涨幅高达 570%。在 2011 年、2012 年和 2013 年，工业用地的挂牌出让大都维持在 160000 公顷，但是在 2014 年出让面积出现了较大幅度的下跌，2014 年工业用地挂牌出让面积下降到 118940 公顷。在新一轮土地市场化改革之后，2008 年工业用地招标出让的面积比 2007 年并没有发生非常大的变化，仅增长 5% 左右。而 2009 年招标出让的面积比 2008 年有非常显著的增长，2009 年工业用地招标出让 2700 公顷左右，比 2008 年增长 36%。在 2010 年工业用地招标出让的面积出现了大幅度的下降，2010 年工业用地招标出让 505 公顷，降幅高达 82%。2010 年之后，招标出让的面积依旧呈现不断下降的态势，虽然 2014 年有轻微回升，并且最低点出现在 2013 年，2013 年工业用地招标出让仅有 150 公顷左右。工业用地拍卖出让面积在 2007 ~ 2013 年不断上涨，在 2014 年有下降的趋势。2007 年和 2008 年变化不大，第一次大幅度上涨在 2009 年，涨幅达到 139%。在 2007 ~ 2013 年，工业用地拍卖出让面积不断上涨，从 1000 公顷左右一直上涨到 9300 公顷，上涨 830%，上涨十分明显。但是，工业用地

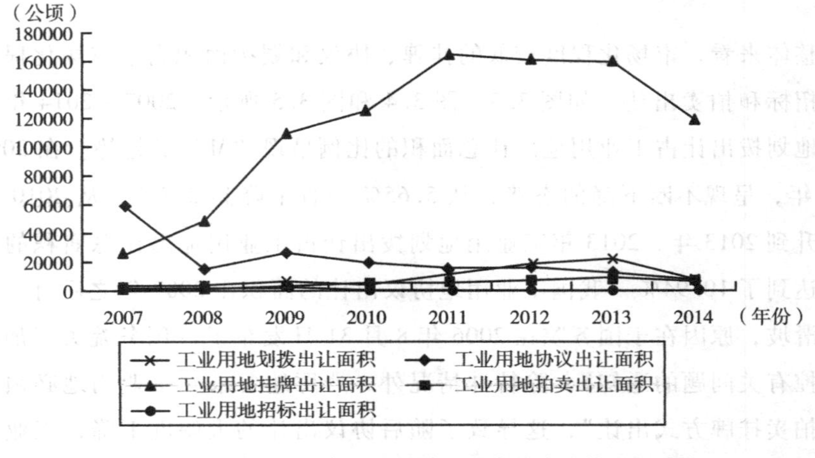

图 3.3　2007 ~ 2014 年工业用地不同出让方式的面积对比

资料来源：根据中国土地市场网数据整理而得。

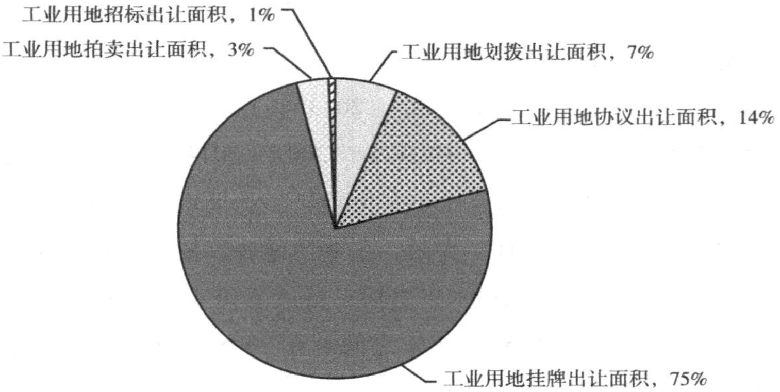

图 3.4　工业用地不同出让方式的平均面积对比

资料来源：根据中国土地市场网数据整理而得。

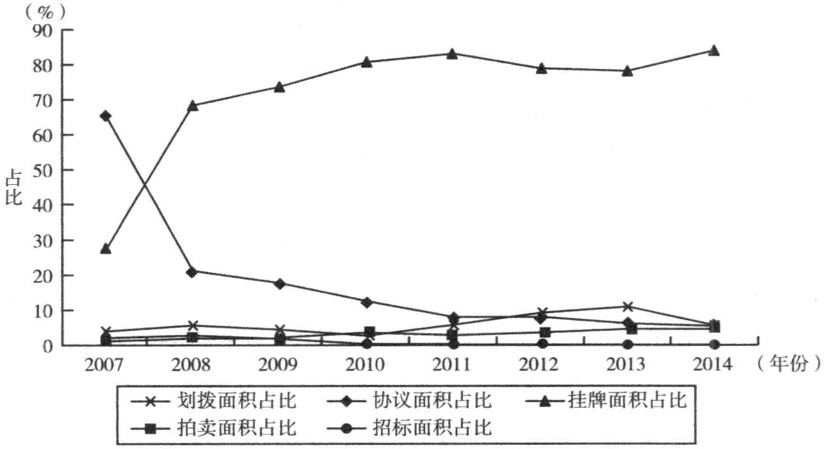

图 3.5　2007～2014 年工业用地不同出让方式的面积占比对比

资料来源：根据中国土地市场网数据整理而得。

拍卖出让面积在 2014 年有一定幅度的下降，下降到 6500 公顷，比 2013 年下降三成。在 2008 年之后，工业用地挂牌出让面积的比例已经超过一半，成为工业用地出让方式的主流。2008 年之后，挂牌出让展现了对协议出让明显的替代，其出让面积的比例从 2007 年的 27% 增长到 68% 。在 2008 年之后，挂牌出让占据绝对主流，2009～2014 年挂牌出让面积占工业用地出让总面积的比例都大于 70%，虽然其中也有涨有落，整体呈现“N”形。最高点出现 2014 年，此时工业用地挂牌出让面积的比例达到了 84% 。

2007～2014 年，工业用地划拨出让占工业用地出让总面积的比例呈现“M”形趋势。2008～2010 年，呈现不断下降的态势，从 5.65% 一直下降到 2.7%。从 2010 年一直上升到 2013 年，2013 年工业用地划拨出让占工业用地出让总面积的比例一度达到了 10.94%。2007～2014 年，工业用地协议出让面积占工业用地出让总面积的比重变化趋势，其呈现比较明显的下降的趋势。在 2008 年，由于“8·31”大限，工业用地协议出让面积的比重由前一年的 65.7% 下降到 17.8%。2008 年之后，持续下降。2011～2014 年，该比重保持比较稳定，稳定在 5.5%～8% 之间。在 2008 年之后，工业用地挂牌出让面积的比例已经超过一半，成为工业用地出让方式的主流。2008 年之后，挂牌出让展现了对协议出让明显的替代，其出让面积的比例从 2007 年的 27% 增长到 68%。2008 年之后，挂牌出让占据绝对主流，2009～2014 年挂牌出让面积占工业用地出让总面积的比例都大于 70%，虽然其中也有涨有落，整体呈现“N”形。最高点出现在 2014 年，此时工业用地挂牌出让面积的比例达到了 84%。工业用地招标出让面积占比在 2007～2014 年呈现先增后降的趋势。在“8·31”大限之后，工业用地招标出让面积的占比在 2008 年达到了最高值，约为 2.8%。在 2008 年之后，除 2014 年略有回升之外，其余年份一直在下降。其中 2010 年占比为 0.33%，仅为 2008 年的 12%，2013 年为历年最低值 0.08%。工业用地招标出让面积占比在 2007～2014 年呈现先增后降的趋势。在“8·31”大限之后，工业用地招标出让面积的占比在 2008 年达到了最高值，约为 2.8%。在 2008 年之后，除 2014 年略有回升之外，其余年份一直在下降。其中 2010 年占比为 0.33%，仅为 2008 年的 12%，2013 年为历年最低值 0.08%。2007 年至今，市场化程度较高的拍卖出让是呈现不断增高的趋势，虽然在个别年份略有下降。在 2007 年，工业用地的拍卖出让面积仅占整个工业用地出让总面积的 1.14% 左右，但是在 2013 年、2014 年这个比例已经逼近 5%。2008 年拍卖面积占比为 1.93%，比 2007 年提升 70%。在 2010 年，拍卖面积占比首次突破 3%，达到了 3.59%。在 2011 年，出现了观察期间的唯一一次下滑，工业用地拍卖占比下降到了 2.83%。在 2011 年之后，拍卖出让面积占比又开始不断增长，在 2014 年其面积占比达到了 4.64%。

总体来看，在 2007～2014 年，工业用地挂牌出让的总面积大约占到了工业用地出让总面积的 75%。与其在官方文件中并列的“招标”和“拍卖”

总和仅占 4%。与此同时，被各种文件所明令禁止的协议出让却也占了 14%，纯行政性的划拨出让也占了总和的 7%。我们再来看一个时间趋势，在 2007 年，协议出让占工业用地出让的绝对主流，其出让面积达到了 59614 公顷，占比也达到了 66%。但是，经过“8·31”大限之后，工业用地的协议出让通道被严令禁止，其出让面积和占比在 2008 年大幅度下降。取而代之的是挂牌出让，挂牌出让在 2008 年之后，无论从面积还是占比来看都占据绝对主流，2008 年挂牌出让总面积为 48762 公顷，占工业用地出让总面积的 68%。从面积情况上来看，挂牌出让是对协议出让的替代，而拍卖和招标出让没有如此剧烈的变换。

二、工业用地低市场化和高市场化出让的现状与趋势

（一）工业用地低市场化出让的现状与趋势

整体来看，在 2007 ~ 2014 年，工业用地的划拨、协议出让和挂牌出让总面积呈现增长趋势，如图 3.6 所示。2007 年，工业用地的低市场化出让总面积为 8.78 万公顷，2008 年下降到 6.79 万公顷。2009 ~ 2013 年，工业用地的低市场化出让面积持续增长，2009 年其出让总面积是 2008 年的两倍左右，

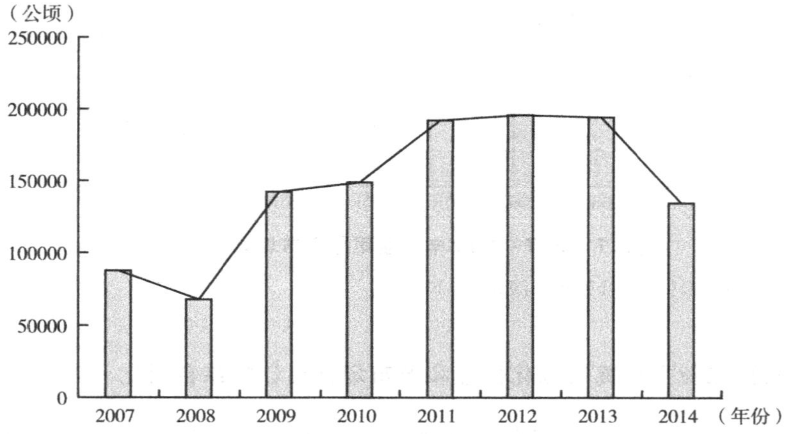

图 3.6　2007 ~ 2014 年工业用地低市场化出让面积

资料来源：根据中国土地市场网数据整理而得。

而 2011 年、2012 年和 2013 年工业用地的低市场化出让都突破了 19 万公顷。而到了 2014 年，也出现了多年来的首次下降，其总面积下降到 13.46 万公顷。

（二）工业用地高市场化出让的现状与趋势

工业用地高市场化出让的方式主要是拍卖出让和招标出让。

整体来看，在 2007 ~ 2014 年，工业用地的拍卖出让和招标出让的总面积增长比较明显（如图 3.7 所示）。在 2007 年，工业用地的拍卖出让和招标出让的总面积仅有 3000 公顷，但到了 2013 年，这一面积已经达到了 9400 公顷，增长 224%，增长曲线呈现台阶趋势。2008 年比 2007 年略有增长，2008 年一共出让 3300 公顷，但是 2009 年、2010 年和 2011 年三年出让总面积都在 6000 公顷左右。2012 年工业用地的拍卖出让和招标出让的总面积为 7560 公顷，比 2011 年增长 27%。2014 年比 2013 年有一定幅度的回落，在 2014 年工业用地的拍卖和招标一共出让了 6780 公顷。

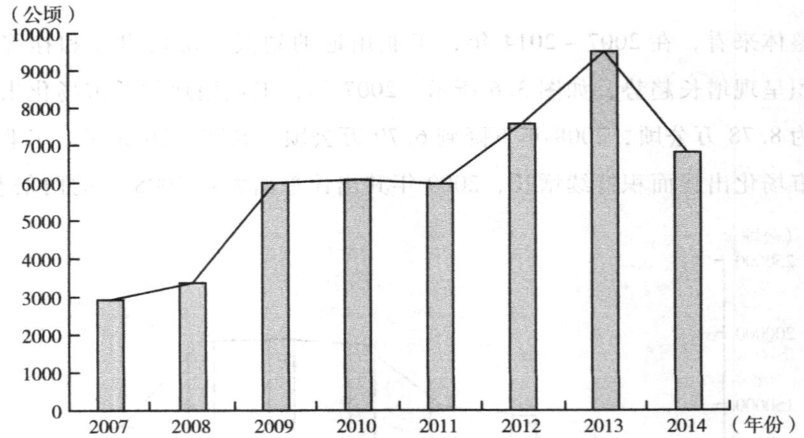

图 3.7　2007 ~ 2014 年工业用地高市场化出让面积

资料来源：根据中国土地市场网数据整理而得。

（三）工业用地高市场化出让和低市场化出让的综合对比

我们将工业用地高市场化出让和低市场化出让的规模和结构进行数据上的综合对比，以求展示它们之间的不同之处。

在价格对比图中，我们可以明显观察到低市场化出让的价格低于高市场化的价格，如图 3.8 和图 3.9 所示。平均来看，工业用地以划拨、协议出让和挂牌出让的价格为每公顷 170 万元，拍卖和招标平均价格比前者高 25%，拍卖和招标平均价格为每公顷 212 万元。从时间趋势来看，工业用地无论以低市场化还是高市场化的方式出让，其价格整体上呈现升高的趋势。两者差距最大的年份出现在 2009 年，低市场化出让价格为每公顷 130 万元，高市场价格为每公顷 201 万元，两者差了 62%。

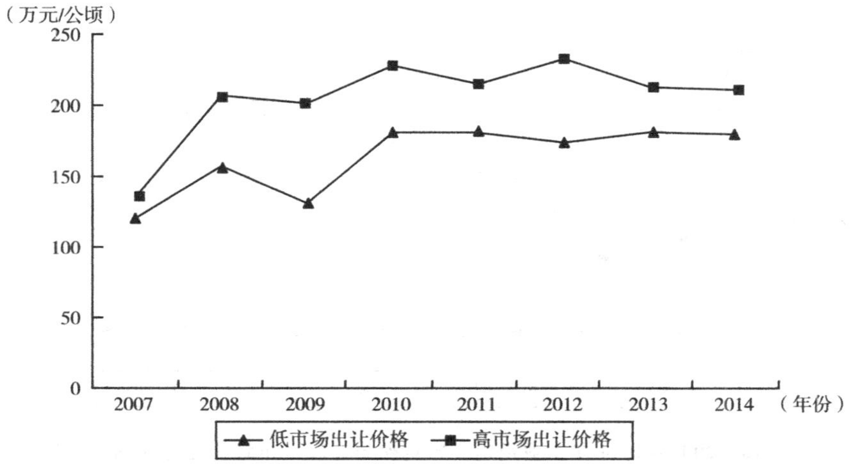

图 3.8　2007～2014 年工业用地高市场化出让和低市场化出让的价格对比

资料来源：根据中国土地市场网数据整理而得。

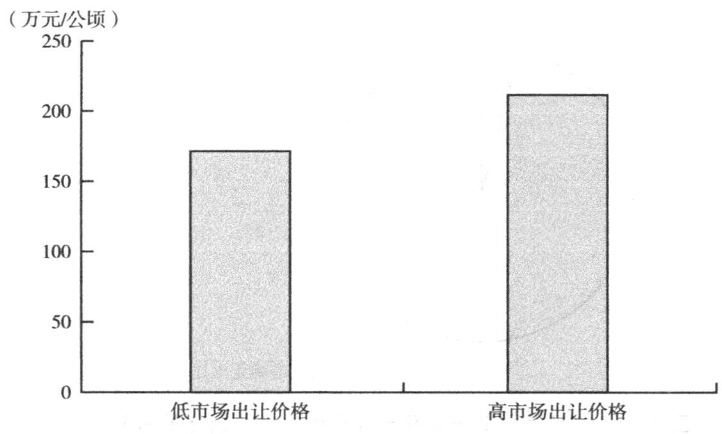

图 3.9　工业用地高市场化出让和低市场化出让的平均价格对比

资料来源：根据中国土地市场网数据整理而得。

工业用地的高市场化出让和低市场化出让的面积趋势如图 3.10、图 3.11、图 3.12 和图 3.13 所示。低市场出让面积和高市场化出让面积差异巨大，在观察期内，工业用地低市场化出让面积占工业面积出让总面积的 96%，而高市场化出让面积只占 4%。在时间趋势上来看，无论是低市场化出让还是高市场化出让的面积都在观察期内增长。在占比的时间趋势来说，在 2008 ~ 2011 年，工业用地的低市场出让的面积比例是不断提高的，与此

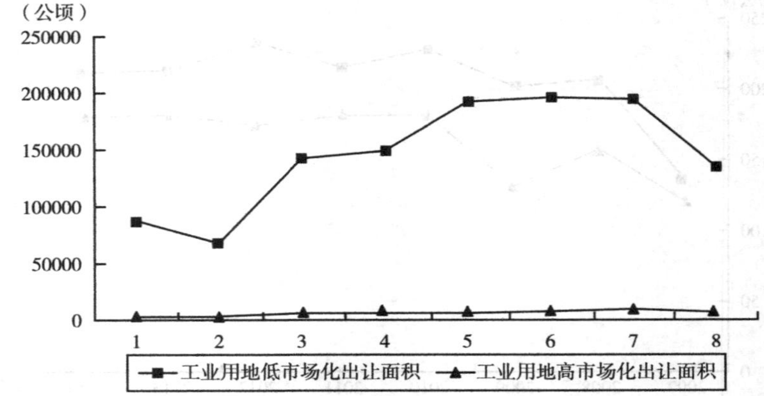

图 3.10　2007 ~ 2014 年工业用地高市场化出让和低市场化出让的面积对比

资料来源：根据中国土地市场网数据整理而得。

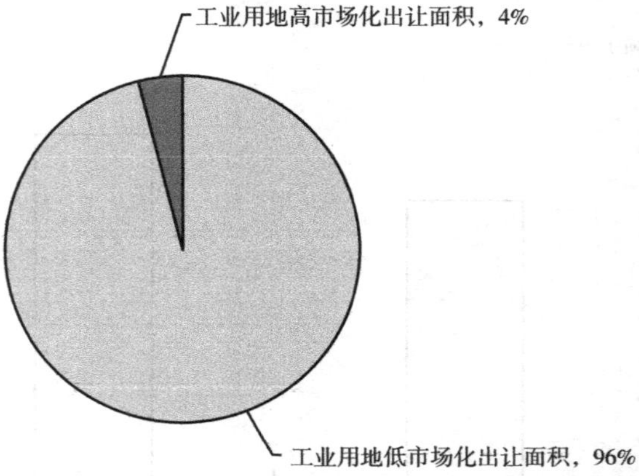

图 3.11　工业用地高市场化出让和低市场化出让的总面积对比

资料来源：根据中国土地市场网数据整理而得。

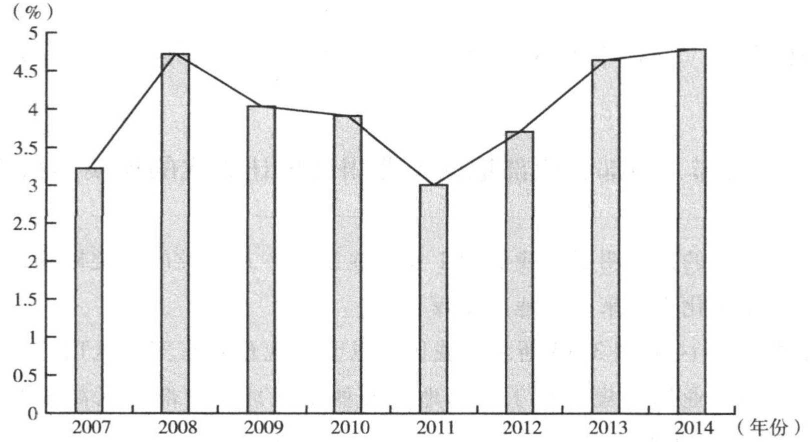

图 3.12　2007～2014 年工业用地高市场化出让面积占比趋势

资料来源：根据中国土地市场网数据整理而得。

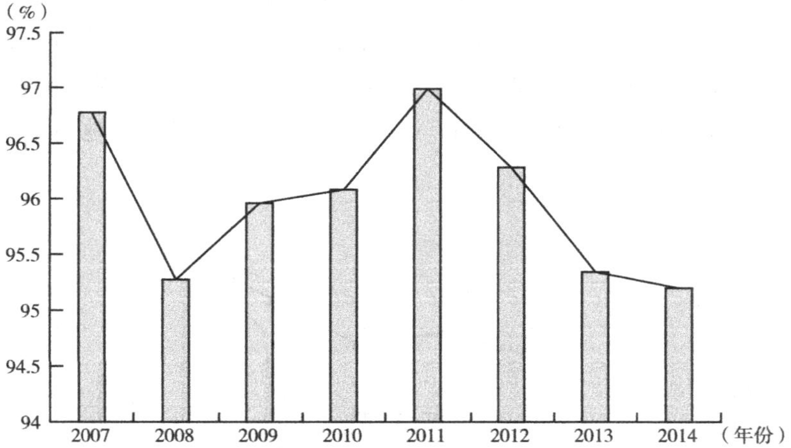

图 3.13　2007～2014 年工业用地低市场化出让面积占比趋势

资料来源：根据中国土地市场网数据整理而得。

同时，高市场出让的比例在不断萎缩；但是 2011 年之后，情况发生了逆转，工业用地低市场出让的占比在呈下降的趋势，而工业用地高市场出让的比例却在稳步提升。

第二节 不同地区工业用地出让方式的现状与趋势

一、东部、中部、西部地区工业用地出让方式的规模与结构

为了对比的简洁明了，我们用工业用地出让方式分类的大类即高市场化出让和低市场化出让来进行地区比较。

根据图 3.14 和图 3.15 所示，我们可以明显观察到东部地区以高市场化方式出让的工业用地规模高于中部地区和西部地区，中部地区高于西部地区。在 2007 ~2014 年，东部地区一共以拍卖和招标的形式出让工业用地，共 25000 公顷；期间，中部地区一共以拍卖和招标的形式出让工业用地约 18000 公顷；对比东部和中部地区，西部地区以拍卖和招标的形式出让工业用地的规模要小很多，一共成交约 3900 公顷。中部地区与东部地区有一定的差距，在面积上相差 30% 。东部与西部地区差距巨大，其中东部出让面积是西部的 6.2 倍。根据图 3.29 所示，我们发现东部和中部的规模趋势相似，与西部的趋势不同。在 2007 ~2013 年，东部和中部的工业用地高市场化出

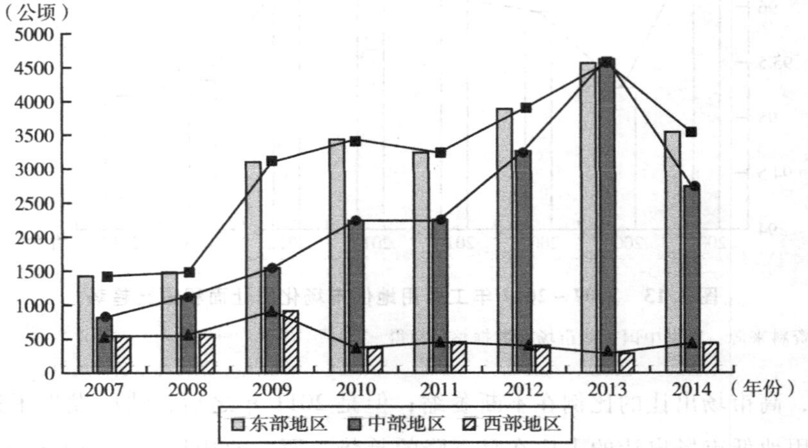

图 3.14 2007 ~2014 年工业用地高市场化方式出让面积变化趋势地区对比

资料来源：根据中国土地市场网数据整理而得。

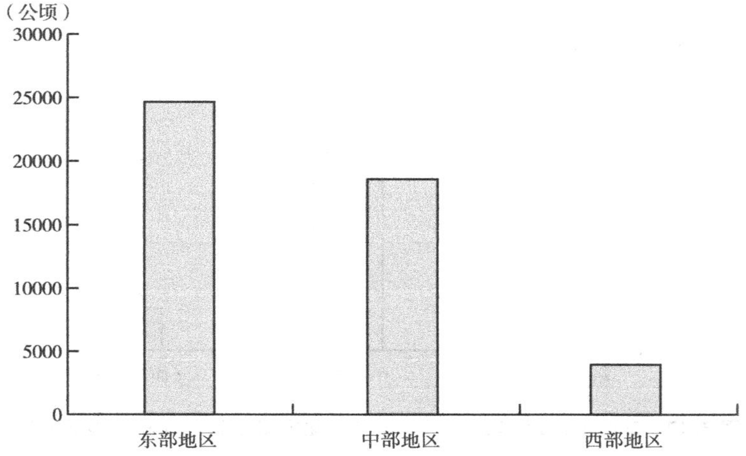

图 3.15　2007～2014 年工业用地高市场化方式出让总面积的地区对比

资料来源：根据中国土地市场网数据整理而得。

让的规模在增长，在 2014 年有一定幅度的下降。但是，西部地区的出让规模在 2007～2009 年增长了三年，但是在 2009 年之后一直下跌，一直到 2014 年才开始回升。

工业用地以低市场化方式出让的规模反映在图 3.16 和图 3.17 中。在工业用地的划拨、协议和挂牌出让方面，东部地区的规模也大于中部地区和西部地区，但是差距小于高市场化的领域。在观察期内，东部地区以划拨、协

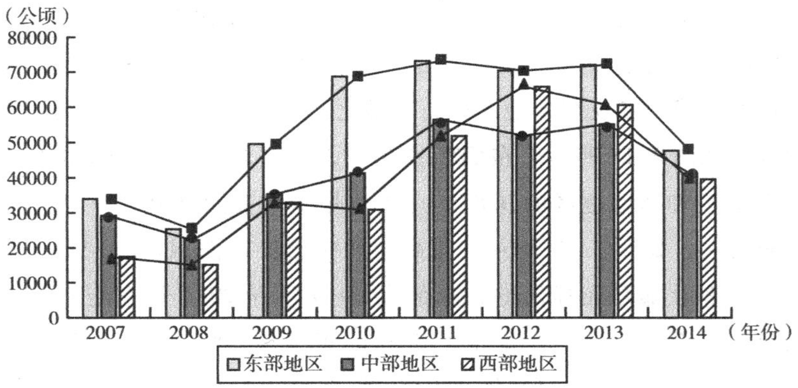

图 3.16　2007～2014 年工业用地低市场化方式出让面积变化趋势地区对比

资料来源：根据中国土地市场网数据整理而得。

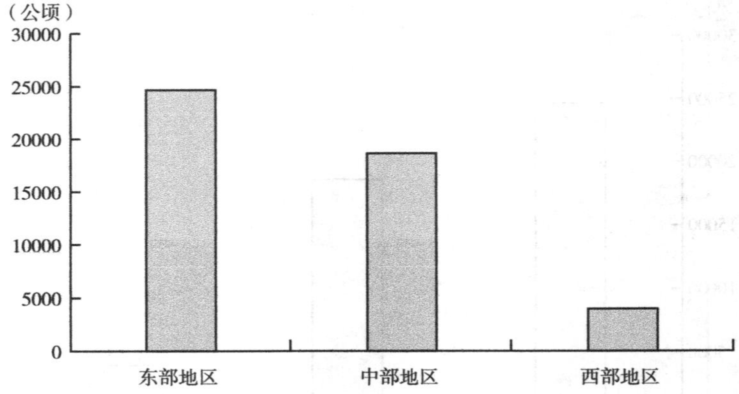

图 3.17　2007～2014 年工业用地低市场化方式出让总面积的地区对比

资料来源：根据中国土地市场网数据整理而得。

议和挂牌的形式一共出让工业用地共 134 万公顷；中部地区出让共 74 万公顷；西部地区出让共 48 万公顷。我们观察到中西部同东部的差距是小于高市场化出让领域的，面积上，中部是东部的 55%，西部是东部的 36%。根据图 3.16 所示，工业用地的低市场化出让的规模趋势，东中西部地区相似。东部、中部和西部地区的工业用地低市场化出让规模整体是在增长的，但是都在 2009 年和 2014 年有一定程度的下跌。

根据规模情况，我们可以得知，东部地区的工业用地的高市场化出让方式和低市场化出让方式的规模都高于中部和西部地区。

在我们的工业用地出让方式分类中，只有高市场化出让和低市场化出让两种，因此我们这里只用高市场化出让的结构就能够反映整体的结构特征。在结构层面，我们发现东部地区在高市场化出让方式的面积占比高于中部和西部地区，如图 3.18 所示。在面积占比上，东部地区为 2.66%，高于中部地区的 2.44% 和西部地区的 0.82%。工业用地的高市场化出让的结构趋势地区差异较大，如图 3.19 所示。在高市场化出让的面积占比层面，东部和中部整体上来看都是在提高的，东部在 2010 年和 2011 年有连续两年的下降，其余年份都在升高，中部地区下降的年份是 2009 年、2011 年和 2014 年，而西部地区整体在下降，特别是 2008 年之后一直在降低，直到 2014 年才略有回升。

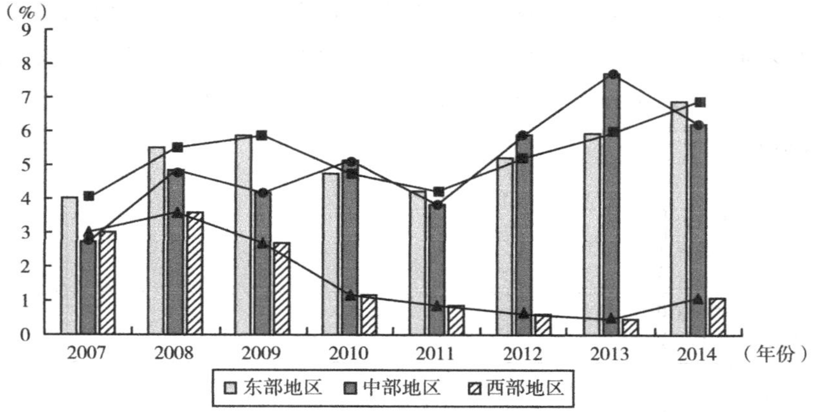

图 3.18　2007～2014 年工业用地高市场化方式出让面积占比趋势的地区对比

资料来源：根据中国土地市场网数据整理而得。

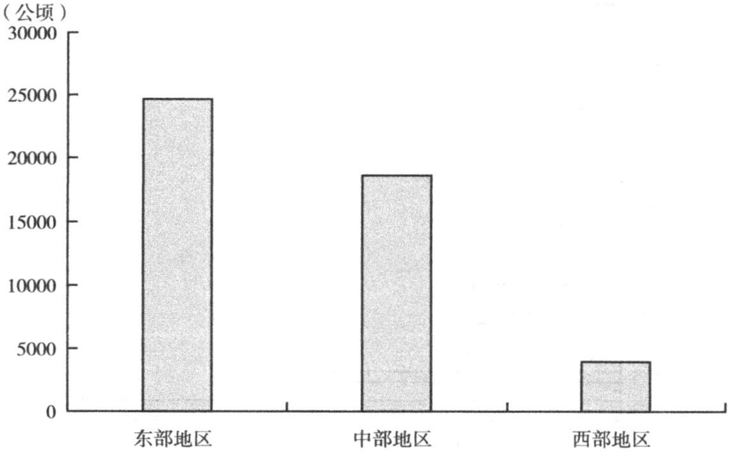

图 3.19　2007～2014 年工业用地高市场化方式出让面积占比的地区对比

资料来源：根据中国土地市场网数据整理而得。

根据结构情况，我们可知东部地区工业用地的高市场化出让方式的占比高于中部和西部地区。

二、省级行政单位工业用地出让方式的规模与结构

2007～2014 年各省份以拍卖和招标方式出让的工业用地总的面积如图

3.20 所示。出让面积前三位的省份分别是：山东省、江西省和河北省。出让面积最少的三个省份是青海省、贵州省和甘肃省。出让面积差异巨大，最多的山东省总共出让 12600 公顷，而最少的青海省仅为 15.8 公顷，两者相差接近 800 倍。

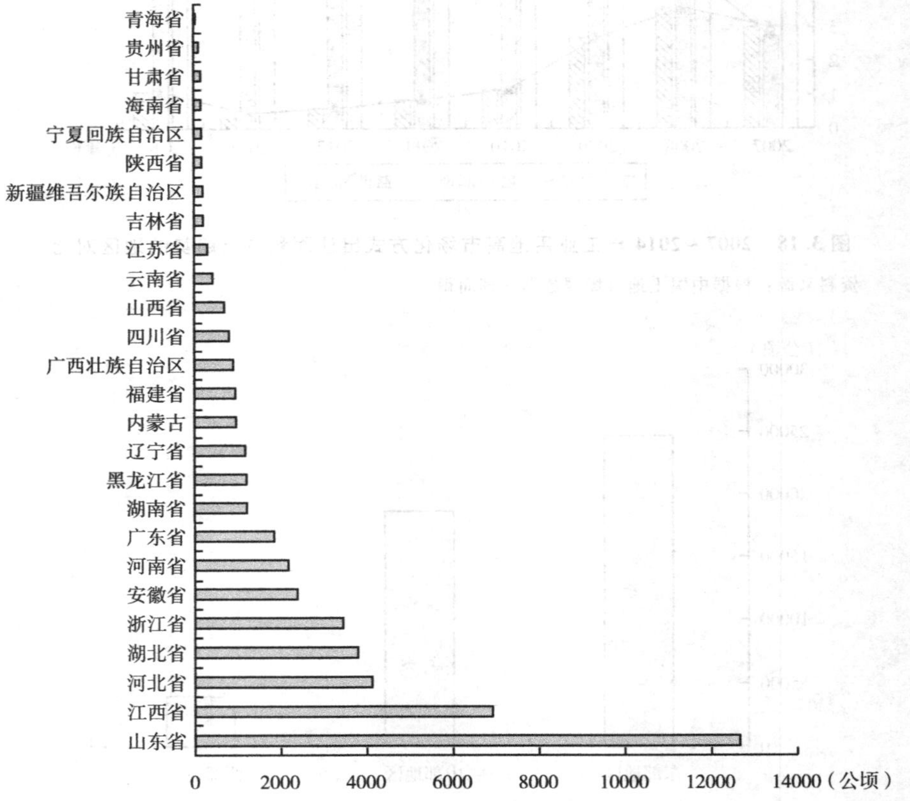

图 3.20　2007~2014 年工业用地高市场化方式出让面积的省份对比

资料来源：根据中国土地市场网数据整理而得。

整体来看，东部沿海省份以拍卖和招标的方式出让工业用地的规模大于中部和西部。

在结构层面，工业用地高市场化方式出让面积占比的对比，如图 3.21 所示。山东为所有省份占比最高，达到了 6.25%；青海省最低，为 0.135%。青海省仅为山东省的 2.16%，省份之间相差显著。

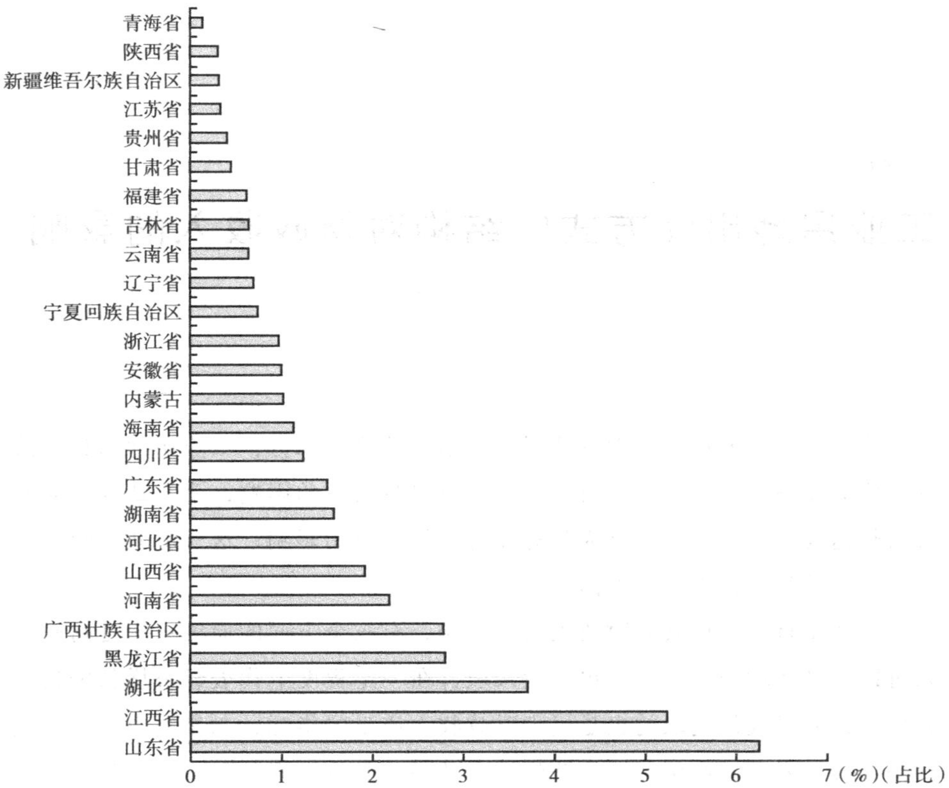

图 3.21　2007～2014 年工业用地高市场化方式出让面积占比的省份对比

资料来源：根据中国土地市场网数据整理而得。

| 第四章 |

工业用地出让方式的结构对财政收入的影响

第四章、第五章和第六章共同组成本书的第三部分：工业用地出让方式的结构对经济发展的影响。第四章为其对财政收入的影响，第五章为其对经济增长速度的影响，第六章为其对经济增长质量的影响，这三者共同组成了经济发展的具有代表性的方面。

第四章首先探讨其对财政收入的影响，有三个方面的原因：一是财政收入可以是经济增长的收入项也是投入项，在一定程度上代表经济增长的速度和质量，并且我们选取的也是代表财政收入质量的指标；二是财政收入会支持公共服务发展，产生非常显著的社会效益，具有较强的外部性，从而促进经济发展；三是现有主流文献集中讨论“以地生财”和“以地生税”，对财政收入非常关注，因此，在这里也需要将财政收入单独列出来。

第一节　研究设计

一、模型构建

为了研究工业用地出让方式对经济增长的影响，我们构建如下计量模型：

$$y_{it} = \beta_0 + \beta_1 stl_{it} + \beta control_{it} + \mu_i + \nu_t + \epsilon_{it} \tag{4-1}$$

为了研究其短期、中期和长期效应的区别，我们建立如下模型：

$$y_{it} = \beta_0 + \beta_1 \sum_{0}^{j} stl + \beta control_{it} + \mu_i + \nu_t + \epsilon_{it} \qquad (4-2)$$

其中，j=1,2,3,4,5，即以滞后1～5年来代表短期、中期和长期效应。i为代表城市，t代表年份。

Y有三种：一是一般公共预算收入占GDP的比重；二是税收收入占GDP的比重；三是企业所得税收入占GDP的比重。① stl为工业用地低市场化出让的比例，control为控制变量。

二、变量选择

我们的被解释变量为一般公共预算收入占GDP的比重、税收收入占GDP的比重和企业所得税收入占GDP的比重。

我们的核心解释变量为工业用地出让方式的结构，我们用工业用地的低市场化出让的面积占工业用地出让总面积的比例来代表工业用地出让方式的结构。

控制变量分为两大类：一是与土地相关的控制变量，二是其他控制变量。土地相关的控制变量指土地财政规模。其他控制变量包括经济发展水平、对外开放程度、产业结构、人口数量和资本存量。土地财政的规模，中国的土地财政收入主要来源于商业和住宅用地，考虑到本书研究的又是工业用地，因此我们用商业和住宅用地出让的总收入（LF）来表述土地财政的规模；经济发展水平，我们用人均GDP来表示；对外开放程度（open），我们用FDI占固定资产投资的比重来代表；产业结构（gdp1），我们使用第一产业占GDP的比重来代表；人口数量（population），我们用常住人口数量来表示；资本存量（lnk），本书用通用的“永续盘存法”估算城市的资本存量。对初始资本的估算采用Hall和Jones（1999）的方法，运用初始年份的投资数据除以10%计算。资本年度折旧率δ按之前文献做法取6%，再利用价格平减后的各个城市历年投资数据，计算出各个城市历年的资本存量。考虑到可能出现的内生性问题，控制变量我们均作了两期滞后。

① 因为考虑到“营改增”的影响，在文章正文中我们没有报告其对增值税的影响，但附录D中，我们做了财政收入相关变量的水平值的稳健型检验和增值税收入的稳健性检验，结论依旧稳健。

第二节　工业用地出让方式的结构对一般公共预算收入的影响

一、基准回归结果

工业用地出让方式对一般公共预算收入影响的基准回归结果如表 5.1 所示。其中第一列为未加控制变量的结果；第二列为加入相关控制变量的结果，且解释变量为当期的工业用地出让方式；第三列为短期影响的结果，即解释变量为当期的工业用地出让方式及其一阶滞后；第四列为中期影响的结果，即核心解释变量为工业用地出让方式的当期及一阶、二阶和三阶滞后；第五列为长期影响的结果，即核心解释变量为工业用地出让方式的当期及滞后一到五期。我们均选用固定效应模型，控制了城市固定效应和时间固定效应。

表 5.1　　对一般公共预算收入影响的基准回归结果

VARIABLES	(1)	(2)	(3)	(4)	(5)
	无控制变量	当期	短期	中期	长期
stl	-0.000448 (0.000531)	-0.000964*** (0.000371)	-0.000876** (0.000383)	-0.00108*** (0.000416)	-0.00122** (0.000522)
l1stl			-0.000316 (0.000327)	-0.000342 (0.000380)	-0.000949** (0.000453)
l2stl				-0.000206 (0.000321)	0.000471 (0.000488)
l3stl				-0.000881*** (0.000302)	-0.000324 (0.000443)
l4stl					-0.000595* (0.000338)
l5stl					-0.000492 (0.000312)
LF		1.60e-08*** (5.81e-09)	1.58e-08*** (5.82e-09)	8.68e-09 (6.17e-09)	8.61e-09 (6.94e-09)

续表

VARIABLES	(1)	(2)	(3)	(4)	(5)
	无控制变量	当期	短期	中期	长期
l2gdpper		-1.75e-06 *** (4.72e-07)	-1.77e-06 *** (4.74e-07)	-2.05e-06 *** (5.34e-07)	-1.24e-06 (8.36e-07)
l2open		0.000167 (0.000283)	0.000161 (0.000284)	5.62e-05 (0.000304)	-0.000182 (0.000480)
l2gdp1		-0.701 *** (0.163)	-0.701 *** (0.163)	-0.660 *** (0.170)	-0.352 (0.251)
l2popu		7.48e-06 *** (1.70e-06)	7.41e-06 *** (1.70e-06)	5.77e-06 *** (1.71e-06)	-4.67e-06 (4.39e-06)
lnk		0.337 *** (0.0149)	0.338 *** (0.0150)	0.347 *** (0.0176)	0.241 *** (0.0280)
Constant	4.183 *** (0.0509)	1.705 *** (0.122)	1.716 *** (0.123)	1.783 *** (0.146)	2.706 *** (0.236)
City	YES	YES	YES	YES	YES
Year	YES	YES	YES	YES	YES
Obs	2217	1545	1541	1278	765
R-squared	0.000	0.644	0.644	0.600	0.314
Citycode	280	260	260	257	256

注：括号内为稳健标准误，* 为显著性水平，*** $p<0.01$，** $p<0.05$，* $p<0.1$。

当期效应。在不加入控制变量时，工业用地的低市场化出让比例对一般公共预算收入的影响不显著，但是一旦加入相关控制变量，工业用地的低市场化出让比例的降低会显著刺激当年的一般公共预算收入占GDP的比重的增加，如第二列所示，并且加入控制变量之后，拟合系数也有大幅度的上升，从最初的0.001%上升到64.4%。具体来说，工业用地的低市场化出让比例每降低一个百分点，当年的一般公共预算收入占GDP的比重会上升0.1%。考虑到工业用地的低市场化出让比例的均值为95%，如果其从均值下降到50%，则当年的一般公共预算收入占GDP的比重会上升4.5%；如果其从均值下降到0，则当年的一般公共预算收入占GDP的比重会上升9.5%。工业用地的低市场化出让比例对当年的一般公共预算收入占GDP的比重会产生明显的负向抑制作用。

短期效应。在第三列中，我们加入了工业用地的低市场化出让比例的一期滞后，来代表工业用地以低市场化方式出让之后的一年对一般公共预算收入占 GDP 的比重的影响。在加入工业用地的低市场化出让比例的一期滞后之后，当期影响的系数和显著性都降低了，这说明了其一阶滞后有一定的解释性。

中期效应。在第四列中，我们又加入了滞后二期和三期来代表中期影响。研究发现，滞后三期的工业用地的低市场化出让比例会对一般公共预算收入占 GDP 的比重造成显著的负面影响。具体来说，工业用地的低市场化出让比例每提高一个百分点，三年后的一般公共预算收入占 GDP 的比重下降 0.088%。考虑到工业用地低市场化出让的平均比例为 95%，如果某地区的工业用地低市场化出让的比例从均值降至 50%，那么三年后的一般公共预算收入占 GDP 的比重下降 3.96%，如果其比例降至零，三年后的一般公共预算收入占 GDP 的比重下降 8.36%。

长期效应。在最右一列中，我们考察了工业用地的低市场化出让比例对一般公共预算收入占 GDP 的比重的长期影响，即我们的变量中加入了工业用地的低市场化出让比例的当期以及滞后 1 期一直到滞后 5 期。研究发现，工业用地的低市场化出让比例的升高会对一般公共预算收入占 GDP 的比重产生长期的抑制效应，特别是出让后的第四年。具体来看，工业用地的低市场化出让比例每下降一个百分点，四年后一般公共预算收入占 GDP 的比重会上升 0.06%。

根据我们的实证结果来看，工业用地的低市场化出让比例在短期对一般公共预算收入占 GDP 的比重没有显著影响，但是在当期、中期和长期会对一般公共预算收入占 GDP 的比重产生显著的抑制效应。具体来说，如果工业用地的低市场化出让比例降低一个百分点，当年的一般公共预算收入占 GDP 的比重会上升 0.1%，三年后的一般公共预算收入占 GDP 的比重上升 0.088%，四年后一般公共预算收入占 GDP 的比重会上升 0.06%。

二、异质性分析回归结果

表 5.2 为东部、中部和西部的当期和短期效应回归结果。前三列为工业

用地低市场化出让比例对西部、中部和东部地区一般公共预算收入占 GDP 的比重影响的当期效应；后三列为工业用地低市场化出让比例对西部、中部和东部地区一般公共预算收入占 GDP 的比重影响的短期效应。我们均选用固定效应模型，控制了城市固定效应和时间固定效应。

表 5.2　　东部、中部和西部的当期和短期效应回归结果

VARIABLES	西部 当期	中部 当期	东部 当期	西部 短期	中部 短期	东部 短期
stl	0.000273 (0.00121)	-0.000877 (0.000582)	-0.00109** (0.000424)	0.000474 (0.00123)	-0.000595 (0.000606)	-0.00112** (0.000451)
l1stl				0.000800 (0.000763)	-0.000931 (0.000569)	5.71e-05 (0.000402)
LF	2.79e-08 (2.41e-08)	4.30e-09 (1.80e-08)	1.43e-08*** (4.85e-09)	2.93e-08 (2.43e-08)	3.94e-09 (1.80e-08)	1.43e-08*** (4.87e-09)
l2gdpper	-3.17e-07 (7.95e-07)	-1.36e-06 (1.18e-06)	-4960000*** (6.83e-07)	-2.36e-07 (8.02e-07)	-1.42e-06 (1.18e-06)	-4950000*** (6.85e-07)
l2open	-0.000864 (0.000746)	0.00212** (0.000855)	0.000193 (0.000255)	-0.000785 (0.000753)	0.00201** (0.000856)	0.000192 (0.000255)
l2gdp1	-0.757*** (0.239)	-2.062*** (0.366)	0.871*** (0.331)	-0.760*** (0.240)	-2.069*** (0.365)	0.870*** (0.332)
l2popu	6.26e-06 (5.80e-06)	3.86e-06 (3.08e-06)	6.10e-06*** (1.77e-06)	6.25e-06 (5.83e-06)	3.79e-06 (3.07e-06)	6.11e-06*** (1.77e-06)
lnk	0.257*** (0.0262)	0.346*** (0.0291)	0.479*** (0.0255)	0.251*** (0.0271)	0.346*** (0.0290)	0.479*** (0.0256)
Constant	2.252*** (0.217)	1.816*** (0.229)	0.399* (0.213)	2.198*** (0.223)	1.879*** (0.232)	0.399* (0.213)
City	YES	YES	YES	YES	YES	YES
Year	YES	YES	YES	YES	YES	YES
Obs	478	480	587	474	480	587
R-squared	0.551	0.715	0.728	0.551	0.717	0.728
Citycode	82	80	98	82	80	98

注：括号内为稳健标准误，* 为显著性水平，*** p<0.01，** p<0.05，* p<0.1。

工业用地出让方式对一般公共预算收入影响的当期和短期效应地区对比。工业用地低市场化出让比例对西部、中部地区一般公共预算收入占 GDP 的当期效应都不显著，但是其对东部地区有非常明显的抑制效应。具体来说东部地区的工业用地低市场化出让比例每升高一个百分点，该地区当年一般公共预算收入占 GDP 的比重将会降低 0.1%。我们加入工业用地低市场化出让比例的滞后一期之后得到了其对东部、中部、西部地区一般公共预算收入占 GDP 影响的短期效应，但是这个影响并不显著。

表 5.3 为东部、中部和西部的中期和长期效应回归结果。前三列为工业用地低市场化出让比例对西部、中部和东部地区一般公共预算收入占 GDP 的比重影响的中期效应；后三列为工业用地低市场化出让比例对西部、中部和东部地区一般公共预算收入占 GDP 的比重影响的长期效应。我们均选用固定效应模型，控制了城市固定效应和时间固定效应。

表 5.3　　东部、中部和西部的中期和长期效应回归结果

VARIABLES	西部 中期	中部 中期	东部 中期	西部 长期	中部 长期	东部 长期
stl	-0.000269 (0.00158)	-0.000637 (0.000678)	-0.00125*** (0.000454)	-0.00171 (0.00267)	-6.07e-05 (0.000845)	-0.00147** (0.000625)
l1stl	8.92e-05 (0.00120)	-0.000301 (0.000610)	-0.000300 (0.000450)	-0.00145 (0.00187)	-0.00151** (0.000715)	-0.000630 (0.000566)
l2stl	-0.000242 (0.000737)	0.000115 (0.000627)	-5.68e-05 (0.000380)	-0.00175 (0.00163)	0.00192** (0.000919)	1.11e-05 (0.000549)
l3stl	-0.000494 (0.000591)	-0.00156** (0.000656)	-0.000536 (0.000359)	-0.00151 (0.00128)	0.00138* (0.000832)	-0.00114** (0.000510)
l4stl				-0.000672 (0.000726)	-0.00124* (0.000747)	-6.74e-05 (0.000420)
l5stl				-0.000309 (0.000544)	-0.000183 (0.000823)	-0.00102** (0.000411)
LF	1.59e-08 (2.36e-08)	-4.09e-09 (1.85e-08)	8.74e-09* (5.04e-09)	-1.63e-08 (3.35e-08)	2.48e-08 (2.79e-08)	9.20e-09 (5.65e-09)
l2gdpper	-5.71e-07 (9.63e-07)	-7.88e-07 (1.36e-06)	-4.25e-06*** (7.22e-07)	-2.56e-07 (1.64e-06)	-2.20e-06 (2.01e-06)	-1.28e-06 (1.08e-06)

续表

VARIABLES	西部 中期	中部 中期	东部 中期	西部 长期	中部 长期	东部 长期
l2open	-0.000632 (0.000786)	0.00103 (0.000854)	0.000138 (0.000274)	-0.00208** (0.00102)	0.00211 (0.00135)	0.000158 (0.000510)
l2gdpl	-0.451* (0.239)	-2.220*** (0.417)	0.453 (0.372)	-0.253 (0.323)	-1.514** (0.728)	-0.666 (0.759)
l2popu	3.85e-06 (5.93e-06)	2.94e-06 (3.24e-06)	6.48e-06*** (1.70e-06)	-8.82e-05 (0.000221)	-1.70e-05** (6.73e-06)	4.36e-06 (5.08e-06)
lnk	0.292*** (0.0324)	0.344*** (0.0357)	0.409*** (0.0288)	0.251*** (0.0568)	0.226*** (0.0528)	0.218*** (0.0461)
Constant	2.058*** (0.292)	2.005*** (0.286)	1.126*** (0.242)	3.301*** (0.766)	2.723*** (0.459)	2.986*** (0.408)
City	YES	YES	YES	YES	YES	YES
Year	YES	YES	YES	YES	YES	YES
Obs	390	400	488	233	240	292
R-squared	0.517	0.688	0.652	0.284	0.422	0.376
Citycode	79	80	98	78	80	98

注：括号内为稳健标准误，* 为显著性水平，*** $p<0.01$，** $p<0.05$，* $p<0.1$。

工业用地出让方式对一般公共预算收入影响的中期和长期效应的地区对比。先来看中期效应。在中部地区，工业用地出让方式对一般公共预算收入占 GDP 产生显著负向影响，特别是在三年后，但其在西部地区和东部地区影响不显著。具体来说，中部地区的工业用地低市场化出让比例每升高一个百分点，该地区三年后的一般公共预算收入占 GDP 的比重将会降低 0.16%。在长期效应中，只在东部地区，工业用地出让方式对一般公共预算收入占 GDP 产生显著负向影响，特别是滞后五年这一时间，但其在西部地区和中部地区影响不显著。具体来说，中部地区的工业用地低市场化出让比例每升高一个百分点，该地区三年后的一般公共预算收入占 GDP 的比重将会降低 0.1%。

根据异质性研究，我们发现工业用地的低市场化出让比例对一般公共预算收入的影响具有明显的异质性。工业用地低市场化出让比例对西部、中部地区一般公共预算收入占 GDP 的当期效应都不显著，但是其对东部地区有非常明显的抑制效应。在中部地区，工业用地出让方式对一般公共预算收入占 GDP 产生显著中期负向影响，但其在西部地区和东部地区影响不显著。在东部地区，工业用地出让方式对一般公共预算收入占 GDP 产生显著长期负向影响，但其在西部地区和中部地区影响不显著。

根据整体效应的实证结果来看，工业用地的低市场化出让比例在短期对一般公共预算收入占 GDP 的比重没有显著影响，但是在当期、中期和长期会对一般公共预算收入占 GDP 的比重产生显著的抑制效应。根据异质性研究，我们发现工业用地的低市场化出让比例对一般公共预算收入的影响具有明显的异质性。工业用地低市场化出让比例对西部、中部地区一般公共预算收入占 GDP 的当期效应都不显著，但是其对东部地区有非常明显的抑制效应。在中部地区，工业用地出让方式对一般公共预算收入占 GDP 产生显著中期负向影响，但其在西部地区和东部地区影响不显著。在东部地区，工业用地出让方式对一般公共预算收入占 GDP 产生显著长期负向影响，但其在西部地区和中部地区影响不显著。

第三节　工业用地出让方式的结构对税收收入的影响

一、基准回归结果

工业用地出让方式对税收收入影响的基准回归结果如表 5.4 所示。其中第一列为未加控制变量的结果；第二列为加入相关控制变量的结果，且解释变量为当期的工业用地出让方式；第三列为短期影响的结果，即解释变量为当期的工业用地出让方式及其一阶滞后；第四列为中期影响的结果，即核心解释变量为工业用地出让方式的当期及一阶、二阶和三阶滞后；第五列为长期影响的结果，即核心解释变量为工业用地出让方式的当期及滞后一到五期。我们均选用固定效应模型，控制了城市固定效应和时间固定效应。

表 5.4　对税收收入影响的基准回归结果

VARIABLES	(1) 无控制变量	(2) 当期	(3) 短期	(4) 中期	(5) 长期
stl	-0.000562 (0.000555)	-0.00148 *** (0.000474)	-0.00128 *** (0.000485)	-0.00139 ** (0.000540)	-0.00212 ** (0.000838)
l1stl			-0.000793 * (0.000420)	-0.000903 * (0.000500)	-0.00191 ** (0.000752)
l2stl				-0.000980 ** (0.000426)	2.29e-06 (0.000843)
l3stl				-0.000383 (0.000396)	-0.00158 ** (0.000732)
l4stl					-0.00139 ** (0.000566)
l5stl					-0.00101 * (0.000516)
LF		1.64e-08 ** (7.39e-09)	1.58e-08 ** (7.39e-09)	1.29e-08 (7.99e-09)	1.22e-08 (1.12e-08)
l2gdpper		-1.85e-06 *** (6.18e-07)	-1.91e-06 *** (6.19e-07)	-2.41e-06 *** (7.13e-07)	-2.01e-06 (1.36e-06)
l2open		0.000342 (0.000365)	0.000323 (0.000365)	0.000169 (0.000402)	-0.000884 (0.000795)
l2gdp1		-0.232 (0.209)	-0.230 (0.209)	-0.527 ** (0.224)	-0.578 (0.420)
l2popu		5.97e-06 *** (2.17e-06)	5.78e-06 *** (2.17e-06)	4.28e-06 * (2.22e-06)	-3.79e-06 (6.79e-06)
lnk		0.332 *** (0.0193)	0.336 *** (0.0193)	0.347 *** (0.0235)	0.317 *** (0.0460)
Constant	1.569 *** (0.0533)	-0.884 *** (0.158)	-0.857 *** (0.159)	-0.726 *** (0.194)	-0.0135 (0.390)
City	YES	YES	YES	YES	YES
Year	YES	YES	YES	YES	YES
Obs	2149	1480	1476	1213	700
R-squared	0.001	0.488	0.490	0.446	0.248
Citycode	280	260	260	257	256

注：括号内为稳健标准误，* 为显著性水平，*** $p<0.01$，** $p<0.05$，* $p<0.1$。

当期效应。在加入控制变量之后，工业用地的低市场化出让比例会显著降低税收收入占 GDP 的比例，如第二列所示。具体来说，工业用地的低市场化出让比例每升高一个百分点，当年的税收收入占 GDP 的比例会下降 0.15%。

短期效应。第三列中，我们加入工业用地的低市场化出让比例的滞后一期来测度短期效应。研究发现，加入滞后一期项之后，当期的工业用地的低市场化出让比例系数变小且显著性下降，这说明我们滞后一期的变量有一定的解释力；滞后一期的工业用地的低市场化出让比例会对税收收入占 GDP 的比例造成显著的负面影响，具体来说，工业用地的低市场化出让比例每升高一个百分点，一年后的税收收入占 GDP 的比例会下降 0.08%。

中期效应。在第四列中，我们又加入了滞后二期和三期来代表中期影响。研究发现，滞后三期的工业用地的低市场化出让比例会对税收收入占 GDP 的比例造成显著的负面影响。具体来说，工业用地的低市场化出让比例每提高一个百分点，两年后的税收收入占 GDP 的比例减少 0.1%。

长期效应。在最右一列中，我们考察了工业用地的低市场化出让比例对工业总产值的长期影响，即我们的变量中加入了工业用地的低市场化出让比例的当期以及滞后 1 期一直到滞后 5 期。研究发现，工业用地的低市场化出让比例的升高会对税收收入占 GDP 的比例产生长期的抑制效应，特别是出让后的第四年和第五年。具体来看，工业用地的低市场化出让比例每下降一个百分点，四年后税收收入占 GDP 的比例会上升 0.14%，而第五年的税收收入占 GDP 的比例虽然上升趋势下降，但也会同样上升 0.1%，这也说明了工业用地的低市场化出让对税收收入占 GDP 比例的长期抑制作用是在收敛的。

根据我们的基本回归结果来看，工业用地的低市场化出让对税收收入占 GDP 比例，无论在当期、短期、中期还是长期，都有显著的抑制效应。具体来说，工业用地的低市场化出让比例每提高一个百分点，当年的税收收入占 GDP 的比例会下降 0.15%，一年后的税收收入占 GDP 的比例会下降 0.08%，两年后的税收收入占 GDP 的比例减少 0.1%，四年后税收收入占 GDP 的比例会下降 0.14%，五年后税收收入占 GDP 的比例会下降 0.1%。

二、异质性分析回归结果

表 5.5 为东部、中部和西部的当期和短期效应回归结果。前三列为工业

用地低市场化出让比例对西部、中部和东部地区税收收入占 GDP 的比例影响的当期效应；后三列为工业用地低市场化出让比例对西部、中部和东部地区税收收入占 GDP 的比例影响的短期效应。我们均选用固定效应模型，控制了城市固定效应和时间固定效应。

表 5.5　　东部、中部和西部的当期和短期效应回归结果

VARIABLES	西部 当期	中部 当期	东部 当期	西部 短期	中部 短期	东部 短期
stl	8.28e-05 (0.00135)	-0.00168** (0.000804)	-0.00127** (0.000602)	0.000306 (0.00137)	-0.000946 (0.000819)	-0.00144** (0.000640)
l1stl				0.000938 (0.000850)	-0.00288*** (0.000807)	0.000456 (0.000570)
LF	-5.01e-09 (2.70e-08)	5.34e-09 (2.47e-08)	1.46e-08** (6.96e-09)	-3.82e-09 (2.70e-08)	7.69e-09 (2.44e-08)	1.49e-08** (6.98e-09)
l2gdpper	-1.05e-06 (9.18e-07)	-3.78e-06** (1.65e-06)	-2.88e-06*** (1.01e-06)	-9.89e-07 (9.22e-07)	-3.77e-06** (1.62e-06)	-2.80e-06*** (1.02e-06)
l2open	-0.000585 (0.000847)	0.000573 (0.00122)	0.000621* (0.000369)	-0.000492 (0.000853)	5.74e-05 (0.00121)	0.000616* (0.000369)
l2gdp1	-0.383 (0.272)	-1.128** (0.498)	-0.0563 (0.484)	-0.388 (0.273)	-1.158** (0.490)	-0.0701 (0.485)
l2population	-9.53e-06 (6.56e-06)	6.50e-07 (4.18e-06)	8.53e-06*** (2.55e-06)	-9.66e-06 (6.57e-06)	2.09e-07 (4.12e-06)	8.62e-06*** (2.55e-06)
lnk	0.259*** (0.0301)	0.418*** (0.0397)	0.377*** (0.0383)	0.253*** (0.0311)	0.417*** (0.0391)	0.373*** (0.0386)
Constant	-0.390 (0.247)	-1.381*** (0.313)	-1.277*** (0.320)	-0.459* (0.253)	-1.159*** (0.315)	-1.273*** (0.320)
City	YES	YES	YES	YES	YES	YES
Year	YES	YES	YES	YES	YES	YES
Obs	456	467	557	452	467	557
R-squared	0.392	0.560	0.541	0.395	0.574	0.541
Citycode	82	80	98	82	80	98

注：括号内为稳健标准误，* 为显著性水平，*** p<0.01，** p<0.05，* p<0.1。

工业用地出让方式对税收收入占 GDP 的比例的当期和短期效应的地区对比。先来看当期效应。中部地区和东部地区的工业用地出让方式对税收收入占 GDP 的比例的当期效应显著为负，西部不显著。具体来说，工业用地的低市场化出让比例每下降一个百分点，中部地区当年的税收收入占 GDP 的比例上升 0.17%，东部地区当年的税收收入占 GDP 的比例上升 0.13%。再来看短期效应。中部地区的工业用地出让方式对税收收入占 GDP 的比例的短期效应显著为负，西部和东部地区不显著。具体来说，工业用地的低市场化出让比例每下降一个百分点，中部地区一年后的税收收入占 GDP 的比例上升 0.29%。

表 5.6 为东部、中部和西部的中期和长期效应回归结果。前三列为工业用地低市场化出让比例对西部、中部和东部地区税收收入占 GDP 的比例影响的当期效应；后三列为工业用地低市场化出让比例对西部、中部和东部地区税收收入占 GDP 的比例影响的短期效应。我们均选用固定效应模型，控制了城市固定效应和时间固定效应。

表 5.6　　东部、中部和西部的中期和长期效应回归结果

VARIABLES	西部 中期	中部 中期	东部 中期	西部 长期	中部 长期	东部 长期
stl	-0.000269 (0.00158)	-0.000637 (0.000678)	-0.00125*** (0.000454)	-0.00171 (0.00267)	-6.07e-05 (0.000845)	-0.00147** (0.000625)
l1stl	8.92e-05 (0.00120)	-0.000301 (0.000610)	-0.000300 (0.000450)	-0.00145 (0.00187)	-0.00151** (0.000715)	-0.000630 (0.000566)
l2stl	-0.000242 (0.000737)	0.000115 (0.000627)	-5.68e-05 (0.000380)	-0.00175 (0.00163)	0.00192** (0.000919)	1.11e-05 (0.000549)
l3stl	-0.000494 (0.000591)	-0.00156** (0.000656)	-0.000536 (0.000359)	-0.00151 (0.00128)	0.00138* (0.000832)	-0.00114** (0.000510)
l4stl				-0.000672 (0.000726)	-0.00124* (0.000747)	-6.74e-05 (0.000420)
l5stl				-0.000309 (0.000544)	-0.000183 (0.000823)	-0.00102** (0.000411)
LF	1.59e-08 (2.36e-08)	-4.09e-09 (1.85e-08)	8.74e-09* (5.04e-09)	-1.63e-08 (3.35e-08)	2.48e-08 (2.79e-08)	9.20e-09 (5.65e-09)

续表

VARIABLES	西部 中期	中部 中期	东部 中期	西部 长期	中部 长期	东部 长期
l2gdpper	-5.71e-07 (9.63e-07)	-7.88e-07 (1.36e-06)	-4.25e-06*** (7.22e-07)	-2.56e-07 (1.64e-06)	-2.20e-06 (2.01e-06)	-1.28e-06 (1.08e-06)
l2open	-0.000632 (0.000786)	0.00103 (0.000854)	0.000138 (0.000274)	-0.00208** (0.00102)	0.00211 (0.00135)	0.000158 (0.000510)
l2gdp1	-0.451* (0.239)	-2.220*** (0.417)	0.453 (0.372)	-0.253 (0.323)	-1.514** (0.728)	-0.666 (0.759)
l2population	3.85e-06 (5.93e-06)	2.94e-06 (3.24e-06)	6.48e-06*** (1.70e-06)	-8.82e-05 (0.000221)	-1.70e-05** (6.73e-06)	4.36e-06 (5.08e-06)
lnk	0.292*** (0.0324)	0.344*** (0.0357)	0.409*** (0.0288)	0.251*** (0.0568)	0.226*** (0.0528)	0.218*** (0.0461)
Constant	2.058*** (0.292)	2.005*** (0.286)	1.126*** (0.242)	3.301*** (0.766)	2.723*** (0.459)	2.986*** (0.408)
City	YES	YES	YES	YES	YES	YES
Year	YES	YES	YES	YES	YES	YES
Obs	390	400	488	233	240	292
R-squared	0.517	0.688	0.652	0.284	0.422	0.376
Citycode	79	80	98	78	80	98

注：括号内为稳健标准误，* 为显著性水平，*** $p<0.01$，** $p<0.05$，* $p<0.1$。

工业用地出让方式对税收收入占 GDP 的比例的中期和长期效应的地区对比。先来看中期效应。中部地区的工业用地出让方式对税收收入占 GDP 的比例的中期效应显著为负，西部和东部不显著。具体来说，工业用地的低市场化出让比例每下降一个百分点，中部地区三年后的税收收入占 GDP 的比例上升 0.16%。再来看长期效应。中部地区和东部地区的工业用地出让方式对税收收入占 GDP 的比例的长期效应显著为负，西部地区不显著。具体来说，工业用地的低市场化出让比例每下降一个百分点，中部地区四年后的税收收入占 GDP 的比例上升 0.12%，东部地区五年后的税收收入占 GDP 的比例上升 0.1%。

根据异质性研究，我们发现工业用地的低市场化出让比例对工业总产值的影响具有明显的异质性。中部地区和东部地区的工业用地出让方式对税收收入占 GDP 的比例的当期效应显著为负，西部地区不显著；中部地区的工业用地出让方式对税收收入占 GDP 的比例的短期效应显著为负，西部和东部地区不显著；中部地区的工业用地出让方式对税收收入占 GDP 的比例的中期效应显著为负，西部地区和东部地区不显著；中部地区和东部地区的工业用地出让方式对税收收入占 GDP 的比例的长期效应显著为负，西部地区不显著。

根据整体效应结论来看，工业用地的低市场化出让对税收收入占 GDP 比例，无论在当期、短期、中期还是长期，都有显著的抑制效应。根据异质性研究，我们发现工业用地的低市场化出让比例对工业总产值的影响具有明显的异质性。中部地区和东部地区的工业用地出让方式对税收收入占 GDP 的比例有显著当期抑制效应；中部地区的工业用地出让方式对税收收入占 GDP 的比例有显著短期、中期和抑制效应；中部地区和东部地区的工业用地出让方式对税收收入占 GDP 的比例有显著长期抑制效应。

第四节　工业用地出让方式的结构对企业所得税收入的影响

一、基准回归结果

工业用地出让方式对企业所得税收入影响的基准回归结果如表 5.7 所示。其中第一列为未加控制变量的结果；第二列为加入相关控制变量的结果，且解释变量为当期的工业用地出让方式；第三列为短期影响的结果，即解释变量为当期的工业用地出让方式及其一阶滞后；第四列为中期影响的结果，即核心解释变量为工业用地出让方式的当期及一阶、二阶和三阶滞后；第五列为长期影响的结果，即核心解释变量为工业用地出让方式的当期及滞后一到五期。我们均选用固定效应模型，控制了城市固定效应和时间固定效应。

表 5.7　　对企业所得税收入影响的基准回归结果

VARIABLES	(1) 无控制变量	(2) 当期	(3) 短期	(4) 中期	(5) 长期
stl	-0.000656 (0.000642)	-0.00107 (0.000800)	-0.000783 (0.000821)	-0.00206 ** (0.000933)	-0.00163 (0.00144)
l1stl			-0.00110 (0.000703)	-0.000802 (0.000854)	-0.00313 ** (0.00126)
l2stl				-0.00127 * (0.000732)	2.10e-05 (0.00145)
l3stl				-0.000509 (0.000689)	0.00117 (0.00132)
l4stl					-0.00110 (0.00102)
l5stl					-0.00195 ** (0.000930)
LF		3.60e-08 *** (1.25e-08)	3.50e-08 *** (1.25e-08)	1.11e-09 (1.38e-08)	-2.27e-09 (1.94e-08)
l2gdpper		-7.16e-06 *** (1.05e-06)	-7.25e-06 *** (1.06e-06)	-8.92e-06 *** (1.25e-06)	-6.13e-06 ** (2.45e-06)
l2open		-0.000926 (0.000610)	-0.000949 (0.000610)	-0.000923 (0.000683)	-0.00124 (0.00134)
l2gdp1		-0.813 ** (0.352)	-0.823 ** (0.353)	-0.936 ** (0.386)	-0.0704 (0.705)
l2population		1.01e-05 *** (3.67e-06)	9.84e-06 *** (3.68e-06)	9.11e-06 ** (3.85e-06)	-8.09e-06 (1.17e-05)
lnk		0.314 *** (0.0329)	0.319 *** (0.0331)	0.234 *** (0.0413)	-0.0118 (0.0824)
Constant	-0.469 *** (0.0616)	-2.598 *** (0.269)	-2.550 *** (0.271)	-1.489 *** (0.339)	0.613 (0.684)
City	YES	YES	YES	YES	YES
Year	YES	YES	YES	YES	YES
Obs	2144	1472	1468	1206	694
R-squared	0.001	0.179	0.181	0.087	0.081
Citycode	280	260	260	256	256

注：括号内为稳健标准误，* 为显著性水平，*** $p<0.01$，** $p<0.05$，* $p<0.1$。

当期效应和短期效应不显著。如第一列、第二列和第三列所示，工业用地的低市场化出让比例及其一阶滞后项对企业所得税收入占 GDP 的比例影响都不显著。

中期效应。在第四列中，我们加入了工业用地的低市场化出让比例及其二期滞后，来代表工业用地以低市场化方式出让之后的一年和两年对企业所得税收入的影响。我们发现，当工业用地的低市场化出让比例升高一个百分点，当年的企业所得税收入占 GDP 的比重降低 0.2%；两年后的企业所得税收入占 GDP 的比重降低 0.127%。这说明了工业用地的低市场化出让比例在中期内会显著降低企业所得税收入占 GDP 的比重。

长期效应。在最右一列中，我们考察了工业用地的低市场化出让比例对企业所得税收入占 GDP 的比重的长期影响，即我们的变量中加入了工业用地的低市场化出让比例的当期以及 5 期滞后。研究发现，工业用地的低市场化出让比例的升高会对企业所得税收入占 GDP 的比重产生长期的抑制效应，特别是出让后的第五年。具体来看，工业用地的低市场化出让比例每下降一个百分点，一年后企业所得税收入占 GDP 的比重会上升 0.3%，而第五年的工业总产值虽然上升趋势下降，但也会同样上升 0.195%，这也说了工业用地的低市场化出让对企业所得税收入占 GDP 的比重的长期抑制作用是在收敛的。

根据我们的实证结果来看，工业用地的低市场化出让比例在当期和短期对企业所得税收入占 GDP 的比重没有显著影响，但是在中期和长期会对企业所得税收入占 GDP 的比重产生显著的抑制效应。

二、异质性分析回归结果

表 5.8 为东部、中部和西部的当期和短期效应回归结果。前三列为工业用地低市场化出让比例对西部、中部和东部地区企业所得税收入占 GDP 的比重影响的当期效应；后三列为工业用地低市场化出让比例对西部、中部和东部地区企业所得税收入占 GDP 的比重影响的短期效应。表 5.9 为东部、中部和西部的中期和长期效应回归结果。前三列为工业用地低市场化出让比例对西部、中部和东部地区企业所得税收入占 GDP 的比重影响的中期效应；

后三列为工业用地低市场化出让比例对西部、中部和东部地区企业所得税收入占 GDP 的比重影响的长期效应。我们均选用固定效应模型，控制了城市固定效应和时间固定效应。

表 5.8　东中西部的企业所得税收入占 GDP 的比重的当期和短期效应回归结果

VARIABLES	西部 当期	中部 当期	东部 当期	西部 短期	中部 短期	东部 短期
stl	0.00229 (0.00243)	-0.00127 (0.00118)	-0.000836 (0.00111)	0.00250 (0.00247)	-0.000544 (0.00121)	-0.000844 (0.00118)
l1stl				0.000878 (0.00155)	-0.00255** (0.00115)	2.36e-05 (0.00104)
LF	7.92e-08 (4.84e-08)	4.32e-08 (3.68e-08)	1.64e-08 (1.26e-08)	8.04e-08* (4.87e-08)	4.23e-08 (3.66e-08)	1.64e-08 (1.26e-08)
l2gdpper	-9.06e-06*** (1.64e-06)	-6.57e-06*** (2.52e-06)	-7.55e-06*** (1.92e-06)	-8.98e-06*** (1.65e-06)	-6.85e-06*** (2.51e-06)	-7.55e-06*** (1.94e-06)
l2open	-0.00220 (0.00149)	-0.00160 (0.00171)	-0.000109 (0.000665)	-0.00213 (0.00151)	-0.00190 (0.00171)	-0.000109 (0.000665)
l2gdp1	-0.746 (0.487)	-3.352*** (0.746)	0.350 (0.878)	-0.765 (0.489)	-3.379*** (0.742)	0.350 (0.879)
l2popu	3.36e-06 (1.17e-05)	2.94e-06 (6.19e-06)	6.87e-06 (4.62e-06)	3.21e-06 (1.18e-05)	2.83e-06 (6.16e-06)	6.87e-06 (4.63e-06)
lnk	0.211*** (0.0547)	0.322*** (0.0598)	0.456*** (0.0724)	0.204*** (0.0565)	0.325*** (0.0595)	0.456*** (0.0731)
Constant	-2.197*** (0.446)	-2.359*** (0.466)	-3.773*** (0.600)	-2.246*** (0.459)	-2.194*** (0.470)	-3.773*** (0.601)
City	YES	YES	YES	YES	YES	YES
Year	YES	YES	YES	YES	YES	YES
Obs	457	468	547	453	468	547
R-squared	0.137	0.315	0.200	0.138	0.324	0.200
Citycode	82	80	98	82	80	98

注：括号内为稳健标准误，* 为显著性水平，*** $p<0.01$，** $p<0.05$，* $p<0.1$。

当期效应和短期效应。当期效应对应表 5.8 的前三列，我们发现工业用地的低市场化出让比例对东部、中部和西部地区当期的企业所得税收入占

GDP 的比重都没有显著影响。短期效应对应表 5.8 的后三列，我们发现工业用地的低市场化出让比例对东部和西部地区的企业所得税收入占 GDP 的比重都没有显著的短期影响，但是对中部地区存在显著的短期抑制效应。在中部地区，当工业用地的低市场化出让比例降低一个百分点，滞后一年的企业所得税收入占 GDP 的比重升高 0.42%。

中期效应和长期效应。当期效应对应表 5.9 的前三列，长期效应对应表 5.9 的后三列。我们发现工业用地的低市场化出让比例对东部和西部地区的企业所得税收入占 GDP 的比重都没有显著的中期影响和长期影响，但是对中部地区存在显著的中期抑制效应。在中部地区，当工业用地的低市场化出让比例降低一个百分点，滞后三年的企业所得税收入占 GDP 的比重升高 0.48%。

表 5.9　东中西部的企业所得税收入占 GDP 的比重的中期和长期影响结果

VARIABLES	西部 中期	中部 中期	东部 中期	西部 中期	中部 中期	东部 中期
stl	0.00235 (0.00329)	-0.00148 (0.00147)	-0.00242** (0.00114)	0.00641 (0.00721)	-0.000724 (0.00202)	-0.000353 (0.00184)
l1stl	0.00354 (0.00250)	-0.00139 (0.00133)	-0.000452 (0.00113)	0.00238 (0.00483)	-0.00422** (0.00174)	-0.00222 (0.00162)
l2stl	0.000804 (0.00157)	-0.00131 (0.00137)	-0.000468 (0.000980)	0.00377 (0.00436)	0.00251 (0.00227)	-0.00241 (0.00187)
l3stl	0.00176 (0.00125)	-0.000648 (0.00142)	-0.000463 (0.000948)	0.00241 (0.00354)	0.00479** (0.00200)	0.00139 (0.00178)
l4stl				0.00118 (0.00229)	0.000551 (0.00184)	-0.00115 (0.00134)
l5stl				-0.00105 (0.00168)	0.00112 (0.00194)	-0.00136 (0.00130)
LF	4.06e-08 (4.91e-08)	-6.74e-09 (4.11e-08)	-1.10e-08 (1.26e-08)	2.28e-07** (8.88e-08)	1.19e-07* (6.65e-08)	-3.19e-08* (1.62e-08)
l2gdpper	-1.12e-05*** (2.09e-06)	-7.99e-06** (3.12e-06)	-6.67e-06*** (2.00e-06)	-1.99e-05*** (4.47e-06)	-8.17e-06 (5.28e-06)	-2.50e-06 (3.64e-06)

续表

VARIABLES	西部 中期	中部 中期	东部 中期	西部 中期	中部 中期	东部 中期
l2open	-0.00285* (0.00164)	-0.00234 (0.00184)	0.000434 (0.000691)	-0.00320 (0.00262)	-0.00293 (0.00318)	0.00126 (0.00155)
l2gdp1	-0.641 (0.512)	-3.775*** (0.919)	-0.502 (0.955)	0.708 (0.870)	-4.559** (1.820)	-1.715 (2.328)
l2popu	8.11e-06 (1.24e-05)	9.50e-07 (7.00e-06)	7.33e-06* (4.28e-06)	0.000815 (0.000637)	-4.40e-05*** (1.58e-05)	1.58e-05 (1.38e-05)
lnk	0.0835 (0.0708)	0.306*** (0.0796)	0.205** (0.0812)	-0.0636 (0.155)	-0.118 (0.131)	0.164 (0.164)
Constant	-1.737*** (0.624)	-1.745*** (0.627)	-1.269* (0.673)	-3.700* (2.160)	1.142 (1.107)	-0.834 (1.410)
City	YES	YES	YES	YES	YES	YES
Year	YES	YES	YES	YES	YES	YES
Obs	370	388	448	214	228	252
R-squared	0.151	0.212	0.061	0.330	0.186	0.100
Citycode	78	80	98	78	80	98

注：括号内为稳健标准误，*为显著性水平，*** $p<0.01$，** $p<0.05$，* $p<0.1$。

工业用地的低市场化出让比例对企业所得税收入占 GDP 的比重的影响具有明显的异质性，工业用地的低市场化出让比例的影响主要体现在中部地区的中期效应，对其他地区的影响不显著。具体来说，在中部地区，工业用地的低市场化出让比例对企业所得税收入占 GDP 的比重具有显著的中期抑制效应。

根据我们本节的研究来看，工业用地的低市场化出让比例在当期和短期对企业所得税收入占 GDP 的比重没有显著影响，但是在中期和长期会对企业所得税收入占 GDP 的比重产生显著的抑制效应。工业用地的低市场化出让比例对企业所得税收入占 GDP 的比重的影响具有明显的异质性，工业用地的低市场化出让比例的影响主要体现在中部地区的中期效应，对其他地区的影响不显著。具体来说，在中部地区，工业用地的低市场化出让比例对企业所得税收入占 GDP 的比重具有显著的中期抑制效应。

第五节 本章结论

首先，我们来看工业用地出让方式对一般公共预算收入的影响。根据整体效应的实证结果来看，工业用地的低市场化出让比例在短期对一般公共预算收入占 GDP 的比重没有显著影响，但是在当期、中期和长期会对一般公共预算收入占 GDP 的比重产生显著的抑制效应。根据异质性研究，我们发现工业用地的低市场化出让比例对一般公共预算收入的影响具有明显的异质性。工业用地低市场化出让比例对西部、中部地区一般公共预算收入占 GDP 的当期效应都不显著，但是其对东部地区有非常明显的抑制效应。在中部地区，工业用地出让方式对一般公共预算收入占 GDP 产生显著中期负向影响，但其在西部地区和东部地区影响不显著。在东部地区，工业用地出让方式对一般公共预算收入占 GDP 产生显著长期负向影响，但其在西部地区和中部地区影响不显著。

其次，我们来看工业用地出让方式对税收收入的影响。根据整体效应结论来看，工业用地的低市场化出让对税收收入占 GDP 比例，无论在当期、短期、中期还是长期，都有显著的抑制效应。根据异质性研究，我们发现工业用地的低市场化出让比例对工业总产值的影响具有明显的异质性。中部地区和东部地区的工业用地出让方式对税收收入占 GDP 的比例有显著当期抑制效应；中部地区的工业用地出让方式对税收收入占 GDP 的比例有显著短期、中期和抑制效应；中部地区和东部地区的工业用地出让方式对税收收入占 GDP 的比例有显著长期抑制效应。

最后，我们来看工业用地出让方式对公司所得税收入的影响。根据我们本节的研究来看，工业用地的低市场化出让比例在当期和短期对企业所得税收入占 GDP 的比重没有显著影响，但是在中期和长期会对企业所得税收入占 GDP 的比重产生显著的抑制效应。工业用地的低市场化出让比例对企业所得税收入占 GDP 的比重的影响具有明显的异质性，工业用地的低市场化出让比例的影响主要体现中部地区的中期效应，对其他地区的影响不显著。具体来说，在中部地区，工业用地的低市场化出让比例对企业所得税收入占 GDP 的比重具有显著的中期抑制效应。

| 第五章 |

工业用地出让方式的结构对经济增长速度的影响

第四章阐述工业用地出让方式的结构对财政收入的影响后，本章对经济增长速度的影响也是经济发展影响的重要组成部分，也是经济效应的最直接表现形式。因此，第五章主要讨论工业用地出让方式的结构对经济增长速度的影响具有逻辑上的必然性。

第一节　研究设计

一、模型构建

为了研究工业用地出让方式对经济增长速度的影响，我们构建如下计量模型：

$$y_{it} = \beta_0 + \beta_1 stl_{it} + \beta control_{it} + \mu_i + \nu_t + \epsilon_{it} \qquad (5-1)$$

为了研究其短期、中期和长期效应的区别，我们建立如下模型：

$$y_{it} = \beta_0 + \beta_1 \sum_{0}^{j} stl + \beta control_{it} + \mu_i + \nu_t + \epsilon_{it} \qquad (5-2)$$

其中，j = 1，2，3，4，5，即以滞后 1 至 5 年来代表短期、中期和长期效应。i 为代表城市，t 代表年份。

Y 为经济增长速度、工业总产值、非房地产固定资产投资和就业率，stl 为工业用地低市场化出让的比例，control 为控制变量。①

二、变量选择

我们的被解释变量有经济增长速度、工业总产值、固定资产投资和就业。首先，这里我们用 GDP 的增长率来表示经济增长速度；其次，因为本书研究侧重于工业用地，而和工业用地最直接相关的就是工业总产值，因此我们也选取工业总产值来作为被解释变量；再次，我们还选取了非房地产固定资产投资来作为被解释变量，一方面因为投资是地方政府非常重视和衡量地方发展程度的指标之一，另一方面也用于验证“以地引资”和“引资底线竞争”；最后，我们还选取了就业作为被解释变量，因为就业一方面是最重要的福利指标之一，另一方面也是经济发展水平的重要的指标。

我们的核心解释变量为工业用地出让方式的结构。在第二章中，我们将工业用地的划拨、协议、挂牌、拍卖和招标出让根据市场化程度分为高市场化出让和低市场化出让两类，其中，划拨、协议和挂牌出让属于低市场化出让，拍卖和招标出让属于高市场化出让。在这里，我们用工业用地的低市场化出让的面积占工业用地出让总面积的比例来代表工业用地出让方式的结构。

控制变量分为两大类：一是与土地相关的控制变量，二是其他控制变量。土地相关的控制变量指土地财政规模。其他控制变量包括经济发展水平、对外开放程度、资本存量、劳动力和产业结构。土地财政的规模，中国的土地财政收入主要来源于商业和住宅用地，考虑到本书研究的又是工业用地，因此我们用商业和住宅用地出让的总收入（LF）来表述土地财政的规模；经济发展水平，我们用人均 GDP 来表示；对外开放程度（open），我们用 FDI 占固定资产投资的比重来代表；产业结构（gdp1），我们用第一产业占 GDP 的比重来代表；资本存量（lnk），本书用通用的“永续盘存法”估

---

① 附录 D 为稳健性检验结果，我们在控制变量中增加了工业用地出让的总面积，结论依旧稳健。

算城市的资本存量，对初始资本的估算采用 Hall 和 Jones（1999）的方法，运用初始年份的投资数据除以 10% 计算，资本年度折旧率 δ 按之前文献做法取 6%，再利用价格平减后的各个城市历年投资数据，计算出各个城市历年的资本存量；劳动力（lnlabour）我们使用就业人口来表示。考虑到可能出现的内生性问题，我们对控制变量均作了两期滞后。

第二节 工业用地出让方式的结构对 GDP 增长速度的影响

一、基准回归结果

工业用地出让方式对 GDP 增长速度影响的基准回归结果如表 5.1 所示。其中第一列为未加控制变量的结果；第二列为加入相关控制变量的结果，且解释变量为当期的工业用地出让方式；第三列为短期影响的结果，即解释变量为当期的工业用地出让方式及其一阶滞后；第四列为中期影响的结果，即核心解释变量为工业用地出让方式的当期及一阶、二阶和三阶滞后；第五列为长期影响的结果，即核心解释变量为工业用地出让方式的当期及滞后一到五期。我们均选用固定效应模型，控制了城市固定效应和时间固定效应。

表 5.1　　对 GDP 增长速度影响的基准回归结果

VARIABLES	(1)	(2)	(3)	(4)	(5)
	无控制变量	当期	短期	中期	长期
stl	-0.00182 (0.00634)	-0.0104 (0.00848)	-0.0115 (0.00871)	-0.00348 (0.00977)	-0.00777 (0.0149)
l1stl			0.00364 (0.00754)	-0.0115 (0.00900)	-0.0280** (0.0132)
l2stl				0.0110 (0.00756)	0.00893 (0.0139)

续表

VARIABLES	(1) 无控制变量	(2) 当期	(3) 短期	(4) 中期	(5) 长期
l3stl				-0.00357 (0.00710)	-0.00883 (0.0124)
l4stl					-0.00353 (0.00951)
l5stl					-0.0214 ** (0.00879)
LF		2.44e-07 * (1.39e-07)	2.48e-07 * (1.39e-07)	3.39e-07 ** (1.50e-07)	2.66e-07 (2.11e-07)
l2gdpper		-7.44e-05 *** (1.17e-05)	-7.51e-05 *** (1.17e-05)	-3.43e-05 ** (1.35e-05)	-2.14e-05 (2.57e-05)
l2open		0.00660 (0.00621)	0.00700 (0.00619)	0.0171 ** (0.00680)	0.0154 (0.0123)
l2gdp1		1.141 (3.672)	2.603 (3.690)	-7.320 * (3.962)	-11.50 (7.000)
lnk		-3.213 *** (0.884)	-3.197 *** (0.882)	-1.588 (1.098)	-2.849 (2.419)
lnlabour		2.043 *** (0.398)	2.048 *** (0.397)	2.719 *** (0.429)	1.758 *** (0.594)
Constant	15.38 *** (0.627)	31.25 *** (7.050)	30.65 *** (7.042)	17.79 ** (8.850)	34.99 * (20.15)
City	YES	YES	YES	YES	YES
Year	YES	YES	YES	YES	YES
Obs	2217	1615	1610	1332	794
R-squared	0.492	0.540	0.541	0.625	0.492
citycode	280	274	274	271	269

注：括号内为稳健标准误，* 为显著性水平，*** $p<0.01$，** $p<0.05$，* $p<0.1$。

我们发现当期效应、短期效应和中期效应都不显著。这是因为我们研究的主要是工业用地出让问题，其主要影响在工业领域，工业用地出让对经济增长速度的影响在短期内可能不会显现。

长期效应。在最右一列中，我们考察了工业用地的低市场化出让比例对GDP增长率的长期影响，即我们的变量中加入了工业用地的低市场化出让比例的当期以及滞后1期一直到滞后5期。研究发现，工业用地的低市场化出让比例的升高会对GDP增长率产生长期的抑制效应，特别是出让后的第五年。具体来看，工业用地的低市场化出让比例每下降一个百分点，五年后GDP增长速度会上升0.021%；如果工业用地的低市场化出让比例从现在的均值下降到50%，那么五年后GDP增长速度会上升0.95%左右；如果工业用地的低市场化出让比例从现在的均值下降到0，那么五年后GDP增长率会上升2%左右。控制变量中值得注意的是土地财政规模。商住用地的出让收入对GDP增长速度有显著促进作用，这是因为土地财政收入有很大一部分被用来进行基础设施建设，从而促进了经济发展。商住用地出让收入的符号与工业用地的低市场化出让比例的符号相反，这也说明了商住用地出让是对工业用地的划拨、协议和挂牌出让有补充作用，来弥补工业用地低市场化出让所导致的财政收入的不足。

根据我们的实证结果来看，工业用地的低市场化出让比例在当期和短期对经济增长速度没有显著影响，但是在中期和长期会对经济增长速度产生显著的抑制效应。

二、异质性分析回归结果

表5.2为东部、中部和西部的当期和短期效应回归结果。前三列为工业用地低市场化出让比例对西部、中部和东部地区GDP增长速度影响的当期效应；后三列为工业用地低市场化出让比例对西部、中部和东部地区GDP增长速度影响的短期效应。表5.3为东部、中部和西部的中期和长期效应回归结果。前三列为工业用地低市场化出让比例对西部、中部和东部地区GDP增长速度影响的中期效应；后三列为工业用地低市场化出让比例对西部、中部和东部地区GDP增长速度影响的长期效应。我们均选用固定效应模型，

控制了城市固定效应和时间固定效应。

表 5.2　东部、中部和西部的 GDP 增长速度的当期和短期效应回归结果

VARIABLES	西部 当期	中部 当期	东部 当期	西部 短期	中部 短期	东部 短期
stl	0. 00120 (0. 00253)	0. 000764 (0. 00185)	-0. 00140 (0. 00118)	0. 00113 (0. 00255)	0. 000873 (0. 00192)	-0. 00169 (0. 00126)
l1stl				-0. 000421 (0. 00159)	-0. 000468 (0. 00181)	0. 000748 (0. 00111)
LF	-4. 97e-08 (4. 87e-08)	8. 48e-08 (5. 32e-08)	5. 68e-08 *** (1. 34e-08)	-4. 91e-08 (4. 89e-08)	8. 55e-08 (5. 34e-08)	5. 72e-08 *** (1. 34e-08)
l2gdpper	-1. 55e-05 *** (1. 17e-06)	-2. 09e-05 *** (2. 00e-06)	-1. 51e-05 *** (9. 69e-07)	-1. 55e-05 *** (1. 18e-06)	-2. 08e-05 *** (2. 00e-06)	-1. 52e-05 *** (9. 69e-07)
l2open	-0. 000492 (0. 00156)	0. 000116 (0. 00179)	-0. 000776 (0. 000711)	-0. 000525 (0. 00156)	0. 000163 (0. 00179)	-0. 000781 (0. 000711)
l2gdp1	1. 199 *** (0. 440)	1. 221 (0. 975)	1. 944 ** (0. 832)	1. 194 *** (0. 445)	1. 368 (0. 985)	1. 959 ** (0. 833)
lnk	-2. 825 ** (1. 339)	5. 122 ** (2. 405)	-9. 723 *** (1. 250)	-2. 923 ** (1. 342)	5. 136 ** (2. 400)	-9. 818 *** (1. 249)
lnlabour	1. 540 ** (0. 669)	2. 316 *** (0. 837)	1. 566 *** (0. 466)	1. 561 ** (0. 671)	2. 369 *** (0. 836)	1. 567 *** (0. 465)
Constant	2. 630 *** (0. 272)	2. 662 *** (0. 250)	2. 923 *** (0. 167)	2. 680 *** (0. 329)	2. 668 *** (0. 281)	2. 879 *** (0. 180)
City	YES	YES	YES	YES	YES	YES
Year	YES	YES	YES	YES	YES	YES
Obs	476	593	587	472	592	587
R-squared	0. 386	0. 251	0. 421	0. 387	0. 251	0. 422
Citycode	82	100	98	82	100	98

注：括号内为稳健标准误，* 为显著性水平，*** $p<0.01$，** $p<0.05$，* $p<0.1$。

表 5.3　东部、中部和西部的 GDP 增长速度的中期和长期影响结果

VARIABLES	西部 中期	中部 中期	东部 中期	西部 长期	中部 长期	东部 长期
stl	0.00466 (0.00362)	0.000809 (0.00182)	-0.00152 (0.00143)	-0.0134* (0.00787)	0.00221 (0.00293)	6.47e-05 (0.00238)
l1stl	-0.0056** (0.00279)	-0.00217 (0.00163)	0.000204 (0.00141)	-0.00689 (0.00648)	-0.00272 (0.00255)	-0.00110 (0.00215)
l2stl	0.00201 (0.00162)	0.00167 (0.00165)	-0.00101 (0.00118)	0.00404 (0.00475)	0.00416 (0.00313)	0.000434 (0.00209)
l3stl	9.84e-05 (0.00135)	-0.00186 (0.00172)	-0.00107 (0.00112)	-0.00829** (0.00354)	-0.00196 (0.00289)	-0.000991 (0.00195)
l4stl				-0.00387* (0.00206)	0.000842 (0.00243)	-0.00204 (0.00159)
l5stl				-0.00225 (0.00160)	-0.00159 (0.00279)	-0.00252 (0.00157)
LF	-1.13e-07** (5.13e-08)	-3.81e-08 (4.61e-08)	4.38e-08*** (1.58e-08)	-7.83e-08 (9.78e-08)	4.46e-09 (8.42e-08)	5.67e-08*** (2.14e-08)
l2gdpper	-1.98e-05*** (1.48e-06)	-2.87e-05*** (1.81e-06)	-1.83e-05*** (1.12e-06)	-2.78e-05*** (3.03e-06)	-3.36e-05*** (3.55e-06)	-1.64e-05*** (2.05e-06)
l2open	0.00122 (0.00179)	0.000396 (0.00155)	0.00101 (0.000863)	0.00429 (0.00300)	0.000385 (0.00318)	-0.00215 (0.00194)
l2gdp1	1.065** (0.509)	-0.673 (0.974)	1.671 (1.082)	-0.678 (0.964)	-6.702*** (2.239)	1.517 (2.746)
lnk	0.0617 (1.702)	4.725 (2.886)	-5.353*** (1.508)	-6.094 (3.847)	21.43*** (5.785)	-5.196* (2.967)
lnlabour	1.392* (0.765)	3.684*** (0.879)	2.153*** (0.467)	0.922 (1.023)	3.284** (1.291)	0.979* (0.572)
Constant	2.798*** (0.538)	3.470*** (0.339)	3.202*** (0.258)	6.377*** (1.491)	4.218*** (0.857)	3.536*** (0.606)
City	YES	YES	YES	YES	YES	YES
Year	YES	YES	YES	YES	YES	YES
Obs	389	491	488	232	292	292
R-squared	0.456	0.461	0.493	0.485	0.356	0.316
Citycode	79	100	98	78	99	98

注：括号内为稳健标准误，* 为显著性水平，*** $p<0.01$，** $p<0.05$，* $p<0.1$。

我们发现当期效应、短期效应和中期效应都不显著，这也和我们的上文中的整体效应结果一致。

在长期效应中，只有在西部地区，工业用地的低市场化出让比例会显著降低经济发展速度，在中部和东部地区没有显著的影响。在西部地区，工业用地的低市场化出让的比例每增加一个百分点，三年后 GDP 增长速度将减少 0.0083%，四年后的 GDP 增长速度将减少 0.0039%；当工业用地的低市场化出让比例从现在的均值下降到 50% 时，三年后 GDP 增长速度将减少 0.37%，四年后的 GDP 增长速度将减少 16%；当工业用地的低市场化出让比例从现在的均值下降到 0 时，三年后 GDP 增长速度将减少 0.78%，四年后的 GDP 增长速度将减少 0.37%。这也和总体效应的结论类似，这也说明了工业用地的低市场化出让比例对 GDP 增长率的长期抑制效应主要来源于西部地区，即西部地区的工业用地的低市场化出让比例的升高会对 GDP 增长率产生长期的抑制效应，从而也影响到全国范围的经济增长速度。

第三节　工业用地出让方式的结构对工业总产值的影响

一、基准回归结果

工业用地出让方式对工业总产值的影响的基准回归结果如表 5.4 所示。其中第一列为未加控制变量的结果；第二列为加入相关控制变量的结果，且解释变量为当期的工业用地出让方式；第三列为短期影响的结果，即解释变量为当期的工业用地出让方式及其一阶滞后；第四列为中期影响的结果，即核心解释变量为工业用地出让方式的当期及一阶、二阶和三阶滞后；第五列为长期影响的结果，即核心解释变量为工业用地出让方式的当期及滞后一到五期。我们均选用固定效应模型，控制了城市固定效应和时间固定效应。

表 5.4 对工业总产值影响的基准回归结果

VARIABLES	(1)	(2)	(3)	(4)	(5)
	无控制变量	当期	短期	中期	长期
stl	-590.3 * (339.1)	-427.4 (274.3)	-360.3 (283.0)	-596.8 ** (299.6)	-380.1 (328.1)
l1stl			-239.9 (242.9)	-238.4 (273.4)	-652.6 ** (286.7)
l2stl				-194.1 (229.9)	-379.7 (303.4)
l3stl				-524.5 ** (216.9)	-426.0 (274.5)
l4stl					-413.8 ** (209.2)
l5stl					-393.7 ** (196.9)
LF		0.0412 *** (0.00431)	0.0411 *** (0.00432)	0.0146 *** (0.00445)	0.0110 ** (0.00437)
l2GDPper		6.655 *** (0.215)	6.662 *** (0.215)	6.075 *** (0.222)	5.228 *** (0.288)
l2open		-554.0 *** (197.7)	-556.7 *** (198.1)	183.0 (204.0)	600.1 ** (277.7)
l2gdp1		-142224 (105201)	-145830 (105983)	-234602 ** (111848)	-252686 (155116)
lnk		-154410 *** (28078)	-152729 *** (28125)	-117463 *** (33235)	-107115 ** (54115)
lnlabour		79150 *** (12633)	79463 *** (12656)	74181 *** (12966)	40988 *** (13299)
Constant	296320 *** (32557)	116538 *** (33247)	133753 *** (37524)	256939 *** (49395)	389428 *** (78361)
City	YES	YES	YES	YES	YES
Year	YES	YES	YES	YES	YES
Obs	2217	1664	1659	1375	822
R - squared	0.412	0.528	0.528	0.464	0.423
Citycode	280	280	280	277	275

注：括号内为稳健标准误，* 为显著性水平，*** $p<0.01$，** $p<0.05$，* $p<0.1$。

当期效应。在不加入控制变量时，工业用地的低市场化出让比例会显著降低工业总产值，但是一旦加入相关控制变量，其影响的显著性就会消失，如第二列所示。相对第一列，工业用地的低市场化出让比例对工业总产值的影响就变得不显著，且其影响系数也会明显降低。在控制变量中值得注意的是，土地财政的收入对工业总产值有很显著的正向促进效应。

短期效应。在第三列中，我们加入了工业用地的低市场化出让比例的一期滞后，来代表工业用地以低市场化方式出让之后的一年对工业总产值的影响。我们发现，当期影响系数依旧不显著，但是其程度有一定幅度的降低，这也说明了滞后一年的影响确实存在。一期滞后影响虽然也不显著，但其符号依旧为负。

中期效应。在第四列中，我们又加入了滞后二期和三期来代表中期影响。研究发现，滞后三期的工业用地的低市场化出让比例会对工业总产值造成显著的负面影响。具体来说，滞后三期的工业用地的低市场化出让比例每提高一个百分点，工业总产值减少 5.24 亿元，考虑到工业用地低市场化出让的平均比例为 95%，如果某地区的工业用地低市场化出让的比例从均值降至 50%，那么该地区的工业总产值将会增加 236 亿元，如果其比例降至零，那么该地区的工业总产值将会增加 498 亿元。

长期效应。在最右一列中，我们考察了工业用地的低市场化出让比例对工业总产值的长期影响，即我们的变量中加入了工业用地的低市场化出让比例的当期以及滞后 1 期一直到滞后 5 期。研究发现，工业用地的低市场化出让比例的升高会对工业总产值产生长期的抑制效应，特别是出让后的第四年和第五年。具体来看，工业用地的低市场化出让比例每下降一个百分点，四年后工业总产值会上升 4.13 亿元，而第五年的工业总产值虽然上升趋势下降，但也会同样上升 3.93 亿元，这也说了工业用地低市场化出让的对工业总产值的长期抑制作用是在收敛的。我们再来看控制变量。商住用地的出让收入对工业总产值有显著促进作用，这是因为土地财政收入有很大一部分被用来进行基础设施建设，从而促进了工业总产值的增加。商住用地出让收入的符号与工业用地的低市场化出让比例的符号相反，这也说明了商住用地出让是对工业用地的划拨、协议和挂牌出让有补充作用，来弥补工业用地低市场化出让所导致的财政收入的不足。滞后两期的人均 GDP 会显著促进工业总产值的增加，说明了经济发展水平越高，工业总产值也越高。进出口总值占 GDP 比例的二期滞后也对工业总产值有显著的促进作用，这也说明了对外开放程度越高，工业总产值也越高。

根据我们的实证结果来看，工业用地的低市场化出让比例在当期和短期对工业总产值没有显著影响，但是在中期和长期会对工业总产值产生显著的抑制效应。具体来说，如果工业用地的低市场化出让比例降低一个百分点，则第三年的工业总产值增加 5.24 亿元，第四年的工业总产值增加 4.13 亿元，第五年的工业总产值增加 3.93 亿元；如果工业用地的低市场化出让比例从现有 95% 降至 50%，则第三年的工业总产值增加 236 亿元，第四年的工业总产值增加 185 亿元，第五年的工业总产值增加 177 亿元；如果工业用地的低市场化出让比例从现有 95% 降至 0，则第三年的工业总产值增加 498 亿元，第四年的工业总产值增加 392 亿元，第五年的工业总产值增加 373 亿元。

二、异质性分析回归结果

表 5.5 为东部、中部和西部的当期和短期效应回归结果。前三列为工业用地低市场化出让比例对西部、中部和东部地区工业总产值影响的当期效应；后三列为工业用地低市场化出让比例对西部、中部和东部地区工业总产值影响的短期效应。我们均选用固定效应模型，控制了城市固定效应和时间固定效应。

表 5.5　　东部、中部和西部的当期和短期效应回归结果

VARIABLES	西部 当期	中部 当期	东部 当期	西部 短期	中部 短期	东部 短期
stl	771.5** (356.9)	249.1 (296.7)	-686.6 (529.8)	830.3** (360.2)	168.6 (308.1)	-467.1 (565.2)
l1stl				337.7 (221.7)	287.4 (290.6)	-558.4 (501.8)
LF	0.00781 (0.00691)	0.0567*** (0.00856)	0.0285*** (0.00605)	0.00754 (0.00693)	0.0571*** (0.00858)	0.0281*** (0.00606)

续表

VARIABLES	西部 当期	中部 当期	东部 当期	西部 短期	中部 短期	东部 短期
l2gdpper	2.859 *** (0.165)	5.589 *** (0.314)	10.12 *** (0.436)	2.827 *** (0.167)	5.590 *** (0.315)	10.13 *** (0.436)
l2open	782.9 *** (220.6)	697.9 ** (287.6)	-1315 *** (320.3)	805.8 *** (221.9)	708.6 ** (288.3)	-1311 *** (320.2)
l2gdp1	-205924 *** (62374)	-355463 ** (151949)	-536599 (374799)	-197320 *** (63076)	-356365 ** (154223)	-547681 (374839)
lnk	25354 (19685)	-5379 (47013)	-177670 ** (71272)	26084 (19835)	-3861 (47046)	-173104 ** (71300)
lnlabour	4179 (9826)	63290 *** (16368)	130141 *** (26551)	4045 (9915)	63304 *** (16388)	130092 *** (26530)
Constant	-16101 (38253)	41692 (39499)	246632 *** (75341)	-55462 (46388)	21916 (44605)	279714 *** (80977)
City	YES	YES	YES	YES	YES	YES
Year	YES	YES	YES	YES	YES	YES
Obs	478	599	587	474	598	587
R - squared	0.527	0.585	0.658	0.530	0.586	0.659
Citycode	82	100	98	82	100	98

注：括号内为稳健标准误，* 为显著性水平，*** $p<0.01$，** $p<0.05$，* $p<0.1$。

工业用地出让方式对工业总产值的当期和短期效应的地区对比。西部地区的工业用地出让方式对工业总产值的当期效应显著为正，中部和东部都不显著，中部为正，东部为负。在西部地区，工业用地的低市场出让的比例每增加一个百分点，当年工业总产值增加 7.72 亿元，而控制了工业用地的低市场出让的比例的滞后一年之后，这个影响依然显著为正且提升为 8.3 亿元，西部地区的当期效应远远高于上一部分我们测算的总体效应；中部地区和东部地区的工业用地低市场化出让的当期效应不显著，这和我们上部分的总体测算结果一致。工业用地低市场出让的比例对东部、中部和西部总产值影响的短期效应都不显著，但是，其对西部和中部影响系数的符号为正，对东部地区工业总产值的影响符号为负。

表 5.6 为东部、中部和西部的中期和长期效应回归结果。前三列为工业

用地低市场化出让比例对西部、中部和东部地区工业总产值影响的中期效应；后三列为工业用地低市场化出让比例对西部、中部和东部地区工业总产值影响的长期效应。我们均选用固定效应模型，控制了城市固定效应和时间固定效应。

表 5.6　　东部、中部和西部的中期和长期效应回归结果

VARIABLES	西部 中期	中部 中期	东部 中期	西部 长期	中部 长期	东部 长期
stl	285.2 (444.1)	222.5 (353.9)	-1045* (575.7)	808.6 (531.4)	-374.4 (353.4)	79.58 (688.9)
l1stl	723.4** (327.9)	39.09 (317.5)	-397.6 (570.9)	450.2 (372.3)	-351.6 (304.3)	-1276** (622.7)
l2stl	336.4* (200.4)	143.5 (319.9)	-158.8 (477.1)	472.5 (321.2)	-341.5 (372.3)	-565.7 (605.5)
l3stl	147.7 (166.6)	58.32 (330.1)	-763.3* (453.8)	666.5*** (238.1)	-41.54 (335.9)	-581.9 (563.5)
l4stl				260.6* (139.5)	-205.0 (291.7)	-767.5* (458.6)
l5stl				102.9 (108.2)	-376.8 (332.0)	-630.5 (453.6)
LF	-0.0137** (0.00634)	0.0202** (0.00899)	0.0140** (0.00639)	0.00333 (0.00663)	0.0246** (0.0101)	0.00797 (0.00619)
l2gdpper	2.445*** (0.183)	5.099*** (0.344)	8.711*** (0.451)	1.762*** (0.205)	3.955*** (0.416)	7.435*** (0.595)
l2open	535.9** (220.7)	867.1*** (301.2)	-303.6 (348.4)	352.7* (202.5)	1147*** (382.8)	430.2 (559.9)
l2gdp1	-172709*** (62744)	-554568*** (184502)	-1220000*** (436919)	-42838 (65006)	-177779 (261944)	-2640000*** (794485)
lnk	46448** (23162)	26462 (58448)	-47062 (84975)	21730 (31621)	84351 (82977)	-140988 (142700)
lnlabour	12106 (10409)	60997*** (17798)	120457*** (26327)	9993 (8406)	12823 (18516)	65089** (27504)

续表

VARIABLES	西部 中期	中部 中期	东部 中期	西部 长期	中部 长期	东部 长期
Constant	-66180 (66312)	82815 (65580)	500391*** (104302)	-186680* (98592)	264897*** (101717)	801211*** (175345)
City	YES	YES	YES	YES	YES	YES
Year	YES	YES	YES	YES	YES	YES
Obs	390	497	488	233	297	292
R-squared	0.491	0.489	0.598	0.462	0.452	0.571
Citycode	79	100	98	78	99	98

注：括号内为稳健标准误，* 为显著性水平，*** $p<0.01$，** $p<0.05$，* $p<0.1$。

工业用地出让方式对工业总产值的中期和长期效应的地区对比。就中期效应整体来看，工业用地的低市场出让的比例对西部地区工业增加值有显著的正向刺激作用，对中部地区影响虽然为正但是并不显著，对东部地区工业增加值有显著的负向抑制作用。具体来说，工业用地的低市场出让的比例每增加一个百分点，西部地区两年后的工业总产值增加 3.36 亿元，东部地区三年后的工业总产值减少 7.63 亿元。就长期效应整体来看，工业用地的低市场出让的比例对西部地区工业增加值有显著的正向刺激作用，对中部地区影响虽然为正但是并不显著，对东部地区工业增加值有显著的负向抑制作用。具体来说，工业用地的低市场出让的比例每增加一个百分点，西部地区四年后的工业总产值增加 2.6 亿元，东部地区四年后的工业总产值减少 7.68 亿元。

根据异质性研究，我们发现工业用地的低市场化出让比例对工业总产值的影响具有明显的异质性。工业用地的低市场化出让比例在东部和中部地区没有表现出显著的短期影响效应，但在西部地区其可在短期内以显著刺激工业总产值的增加；工业用地的低市场化出让比例在中部地区也没有表现显著的中期效应，但在东部其对工业增加值有显著的中期负向抑制作用，在西部地区对工业增加值有显著的中期正向刺激作用；工业用地的低市场化出让比例在中部地区也没用表现显著的长期效应，但在东部其对工业增加值有显著的长期负向抑制作用，在西部地区对工业增加值有显著的长期正向刺激作用。

第四节 工业用地出让方式的结构对固定资产投资的影响

一、基准回归结果

工业用地出让方式对非房地产固定资产投资影响的基准回归结果如表5.7所示。其中第一列为未加控制变量的结果；第二列为加入相关控制变量的结果，且解释变量为当期的工业用地出让方式；第三列为短期影响的结果，即解释变量为当期的工业用地出让方式及其一阶滞后；第四列为中期影响的结果，即核心解释变量为工业用地出让方式的当期及一至四阶滞后；第五列为长期影响的结果，即核心解释变量为工业用地出让方式的当期及滞后一到五期。我们均选用固定效应模型，控制了城市固定效应和时间固定效应。

表5.7　对非房地产固定资产投资影响的基准回归结果

VARIABLES	(1)	(2)	(3)	(4)	(5)
	无控制变量	当期	短期	中期	长期
stl	-176.2** (69.96)	-193.4** (79.85)	-136.9* (82.23)	-124.5 (96.25)	-176.5 (128.7)
l1stl			-201.4*** (71.13)	-220.1** (88.72)	-298.2*** (113.6)
l2stl				-124.0* (74.48)	-197.4 (120.1)
l3stl				-153.3** (69.99)	-187.3* (106.8)
l4stl					-194.5** (82.02)
l5stl					-110.2 (75.84)
LF		0.00576*** (0.00131)	0.00554*** (0.00131)	-0.000155 (0.00148)	-5.08e-05 (0.00182)

续表

VARIABLES	(1)	(2)	(3)	(4)	(5)
	无控制变量	当期	短期	中期	长期
l2gdpper		1.469*** (0.110)	1.453*** (0.110)	1.359*** (0.133)	1.016*** (0.222)
l2open		37.91 (58.44)	37.55 (58.39)	129.8* (67.05)	191.9* (106.3)
l2gdp1		108319*** (34575)	113070*** (34815)	89806** (39038)	-23550 (60361)
lnk		58660*** (8327)	59396*** (8322)	72283*** (10824)	112683*** (20856)
lnlabour		11478*** (3747)	11591*** (3745)	12559*** (4223)	2404 (5126)
Constant	51124*** (6915)	-461943*** (66377)	-454683*** (66452)	-531922*** (87203)	-755993*** (173798)
City	YES	YES	YES	YES	YES
Year	YES	YES	YES	YES	YES
Obs	2217	1615	1610	1332	794
R-squared	0.617	0.660	0.663	0.641	0.584
citycode	280	274	274	271	269

注：括号内为稳健标准误，*为显著性水平，*** p<0.01，** p<0.05，* p<0.1。

当期效应。无论有无控制变量，工业用地低市场化出让的比例都会显著降低非房地产固定资产投资额。以第二列为例，当工业用地低市场化出让的比例升高一个百分点的时候，非房地产固定资产投资会降低1.93亿元。

短期效应。在第三列中，我们加入了工业用地的低市场化出让比例的一期滞后，来代表工业用地以低市场化方式出让之后的一年对非房地产固定资产投资的影响。我们发现，短期影响系数依旧显著为负，当工业用地低市场化出让的比例升高一个百分点的时候，下一年的非房地产固定资产投资会降低2亿元。

中期效应。在第四列中，我们又加入了滞后二期和三期来代表中期影响。研究发现，滞后二期和三期的工业用地的低市场化出让比例会对非房地产固定资产投资造成显著的负面影响。具体来说，滞后二期的工业用地的低市场化出让比例每提高一个百分点，非房地产固定资产投资减少1.2亿元；

滞后三期的工业用地的低市场化出让比例每提高一个百分点，非房地产固定资产投资减少 1.5 亿元。

长期效应。在最右一列中，我们考察了工业用地的低市场化出让比例对非房地产固定资产投资的长期影响，即我们的变量中加入了工业用地的低市场化出让比例的当期以及滞后 1 期一直到滞后 5 期。研究发现，工业用地的低市场化出让比例的升高会对非房地产固定资产投资产生长期的抑制效应，特别是出让后的第四年。具体来看，工业用地的低市场化出让比例每下降一个百分点，四年后非房地产固定资产投资会上升 1.94 亿元。

根据我们的实证结果来看，工业用地的低市场化出让比例在当期、短期中期和长期对非房地产固定资产投资都有显著抑制作用。具体来说，如果工业用地的低市场化出让比例降低一个百分点，当期的非房地产固定资产投资会升高 1.93 亿元，下一年的非房地产固定资产投资会升高 2 亿元，两年后的非房地产固定资产投资升高 1.2 亿元，三年后的非房地产固定资产投资增加 1.5 亿元，四年后非房地产固定资产投资会上升 1.94 亿元。

二、异质性分析回归结果

表 5.8 为东部、中部和西部的当期和短期效应回归结果。前三列为工业用地低市场化出让比例对西部、中部和东部地区非房地产固定资产投资影响的当期效应；后三列为工业用地低市场化出让比例对西部、中部和东部地区非房地产固定资产投资影响的短期效应。我们均选用固定效应模型，控制了城市固定效应和时间固定效应。

表 5.8　　东部、中部和西部的当期和短期效应回归结果

VARIABLES	西部 当期	中部 当期	东部 当期	西部 短期	中部 短期	东部 短期
stl	99.75 (195.9)	-35.03 (107.7)	-309.4** (135.2)	79.72 (199.8)	-9.602 (112.4)	-187.7 (144.3)
l1stl				-70.34 (123.1)	-89.43 (106.5)	-305.8** (130.9)
LF	-0.000854 (0.00395)	0.0139*** (0.00337)	0.00373** (0.00166)	-0.00104 (0.00398)	0.0138*** (0.00338)	0.00346** (0.00166)

续表

VARIABLES	西部 当期	中部 当期	东部 当期	西部 短期	中部 短期	东部 短期
l2gdpper	1.247 *** (0.139)	0.896 *** (0.193)	2.076 *** (0.242)	1.238 *** (0.141)	0.885 *** (0.193)	2.037 *** (0.241)
l2open	125.2 (121.0)	212.6 ** (103.6)	-95.17 (86.72)	118.8 (122.3)	214.9 ** (104.0)	-93.27 (86.31)
l2gdp1	94685 ** (39249)	-34498 (60250)	378242 *** (106333)	95283 ** (39522)	-23177 (61816)	383029 *** (105847)
lnk	79684 *** (11263)	45965 *** (17062)	105110 *** (18632)	80143 *** (11351)	45603 *** (17083)	107217 *** (18566)
lnlabour	-6810 (5622)	18307 *** (5940)	15714 ** (6941)	-6796 (5674)	18617 *** (5951)	15692 ** (6908)
Constant	-549092 *** (84067)	-371062 *** (130818)	-909579 *** (155909)	-543824 *** (85218)	-365247 *** (131407)	-908824 *** (155169)
City	YES	YES	YES	YES	YES	YES
Year	YES	YES	YES	YES	YES	YES
Obs	475	565	575	471	564	575
R - squared	0.653	0.709	0.705	0.654	0.710	0.709
citycode	82	95	97	82	95	97

注：括号内为稳健标准误，* 为显著性水平，*** $p<0.01$，** $p<0.05$，* $p<0.1$。

工业用地出让方式对非房地产固定资产投的当期和短期效应的地区对比。东部地区的工业用地出让方式对非房地产固定资产投资的当期效应显著为负，中部和西部都不显著，中部为负，西部为正。在东部地区，工业用地的低市场出让的比例每增加一个百分点，当年非房地产固定资产投资占比减少 3.09 亿元，而控制了工业用地的低市场出让的比例的滞后一年之后，这个影响依然显著为负且下降为 3.05 亿元。和我们的上节测算的整体效应对比，东部地区的工业用地低市场出让占比对非房地产固定资产投资的当期效应显著为负，与整体效应一致；中部地区和西部地区的工业用地低市场化出让的当期效应不显著，这和我们上部分的总体测算结果不一致。

表 5.9 为东部、中部和西部的中期和长期效应回归结果。前三列为工业

用地低市场化出让比例对西部、中部和东部地区非房地产固定资产投资影响的中期效应；后三列为工业用地低市场化出让比例对西部、中部和东部地区非房地产固定资产投资影响的长期效应。我们均选用固定效应模型，控制了城市固定效应和时间固定效应。

表 5.9　　东部、中部和西部的中期和长期效应回归结果

VARIABLES	西部 中期	中部 中期	东部 中期	西部 长期	中部 长期	东部 长期
stl	-26.44 (269.0)	171.3 (130.9)	-244.7 (160.2)	257.0 (520.1)	92.96 (172.6)	-145.4 (208.6)
l1stl	117.2 (203.5)	-110.4 (117.3)	-410.2** (163.5)	303.9 (367.4)	-69.61 (144.6)	-653.5*** (195.4)
l2stl	7.767 (126.0)	-55.07 (120.4)	-97.07 (134.0)	149.7 (319.2)	63.52 (185.7)	-365.1** (178.1)
l3stl	-54.47 (100.8)	-150.5 (125.4)	-127.0 (127.9)	35.70 (248.0)	-154.3 (164.3)	-52.19 (163.7)
l4stl				21.79 (141.5)	-157.2 (148.8)	-320.4** (135.4)
l5stl				67.74 (105.6)	-183.9 (164.2)	-225.3* (131.8)
LF	-0.00948** (0.00411)	0.00131 (0.00359)	0.00101 (0.00189)	-0.0184*** (0.00689)	0.0112* (0.00587)	0.000197 (0.00205)
l2gdpper	1.204*** (0.184)	0.709*** (0.222)	1.859*** (0.279)	0.790** (0.370)	0.485 (0.357)	1.597*** (0.379)
l2open	115.9 (136.1)	317.7*** (111.4)	-19.58 (104.9)	116.8 (195.8)	524.6*** (181.2)	9.112 (165.3)
l2gdp1	64296 (42047)	-63380 (73612)	369740*** (130413)	527.8 (63583)	-52782 (135824)	-98343 (244317)
lnk	95293*** (15060)	72149*** (21802)	131850*** (23860)	167419*** (32657)	132195*** (40270)	167502*** (40728)
lnlabour	-1764 (6768)	20712*** (6639)	14616** (7392)	-6742 (8681)	5616 (8986)	1548 (7850)

续表

VARIABLES	西部 中期	中部 中期	东部 中期	西部 长期	中部 长期	东部 长期
Constant	-679566*** (117106)	-563324*** (171587)	-1080000*** (201123)	-1293000*** (273671)	-973648*** (333882)	-1218000*** (357489)
City	YES	YES	YES	YES	YES	YES
Year	YES	YES	YES	YES	YES	YES
Obs	387	468	477	232	278	284
R - squared	0.626	0.700	0.696	0.461	0.679	0.717
citycode	79	95	97	78	94	97

注：括号内为稳健标准误，* 为显著性水平，*** $p<0.01$，** $p<0.05$，* $p<0.1$。

工业用地出让方式对非房地产固定资产投资的中期和长期效应的地区对比。在中期来看，工业用地出让方式对非房地产固定资产投资的影响没有明显的区位异质性，即工业用地出让方式对东部、中部和西部的非房地产固定资产投资的影响都不明显。值得注意的是，在东部地区，即使控制了中期和长期的效应，工业用地出让方式对非房地产固定资产投资依然有明显的短期抑制效应，这一效应在当年和滞后一年的时间内非常显著。在长期来看，工业用地出让方式对非房地产固定资产投资的抑制效应仅在东部地区，具体表现为，当在东部地区的工业用地的低市场出让的比例每增加一个百分点，四年后的非房地产固定资产投资占比减少 3.2 亿元。整体来看，工业用地出让方式对非房地产固定资产投资的中期和长期效应和整体效应的估计一致。

第五节 工业用地出让方式的结构对就业的影响

一、基准回归结果

工业用地出让方式对就业影响的基准回归结果如表 5.10 所示。其中第一列为未加控制变量的结果；第二列为加入相关控制变量的结果，且解释变量为当期的工业用地出让方式；第三列为短期影响的结果，即解释变量为当期的工业用地出让方式及其一阶滞后；第四列为中期影响的结果，即核心解释变量为工业用地出让方式的当期及一至四阶滞后；第五列为长期影响的结果，即核心解释变量为工业用地出让方式的当期及滞后一到五期。我们均选用固定效应模型，控制了城市固定效应和时间固定效应。

表 5.10　　　　对就业影响的基准回归结果

VARIABLES	(1)	(2)	(3)	(4)	(5)
	无控制变量	当期	短期	中期	长期
stl	4.10e-05 (0.000440)	0.000809 (0.000623)	0.000776 (0.000638)	6.98e-05 (0.000709)	-0.000876 (0.00114)
l1stl			0.000145 (0.000555)	0.000734 (0.000658)	-0.000611 (0.000993)
l2stl				0.000384 (0.000551)	0.000539 (0.00106)
l3stl				1.67e-05 (0.000524)	-1.53e-05 (0.000957)
l4stl					-0.000656 (0.000728)
l5stl					0.000573 (0.000703)
LF		2.57e-08** (1.05e-08)	2.56e-08** (1.05e-08)	2.28e-08** (1.13e-08)	2.15e-08 (1.61e-08)
l2gdpper		1.12e-06 (9.11e-07)	1.06e-06 (9.14e-07)	1.20e-06 (1.06e-06)	1.36e-06 (2.13e-06)
l2open		-0.000297 (0.000497)	-0.000307 (0.000498)	-0.000437 (0.000539)	-0.00161 (0.00102)
l2gdp1		-0.292 (0.284)	-0.305 (0.285)	-0.512* (0.297)	-1.049* (0.540)
lnk		0.0228 (0.0679)	0.0227 (0.0680)	0.0148 (0.0812)	0.156 (0.187)
lnpopu		0.247* (0.127)	0.249* (0.128)	0.134 (0.178)	0.171 (0.376)
City	YES	YES	YES	YES	YES
Year	YES	YES	YES	YES	YES

续表

VARIABLES	(1) 无控制变量	(2) 当期	(3) 短期	(4) 中期	(5) 长期
Constant	3.882*** (0.0435)	1.753 (1.176)	1.734 (1.178)	2.779* (1.574)	1.766 (3.469)
Obs	2197	1367	1363	1194	701
R - squared	0.526	0.506	0.507	0.498	0.348
citycode	280	259	259	256	250

注：括号内为稳健标准误，* 为显著性水平，*** $p<0.01$，** $p<0.05$，* $p<0.1$。

结果表明，无论是当期、短期、中期还是长期，工业用地出让方式的结构对就业都没有显著影响。在第一列没有控制变量的回归中，工业用地低市场化出让的比例没有和就业表现出显著的相关关系。第二列加入了全部的控制变量，系数的符号和显著性也没有改变，即不存在短期的显著影响。在随后的三到五列中，我们逐步加入了工业用地低市场化出让比例的滞后一期到滞后五期，期间显著性水平并没有发生改变，即在中期和长期的范围内，工业用地低市场化出让的比例不会对就业有显著的影响。

二、异质性分析回归结果

表 5.11 为东部、中部和西部的当期和短期效应回归结果。前三列为工业用地低市场化出让比例对西部、中部和东部地区就业影响的当期效应；后三列为工业用地低市场化出让比例对西部、中部和东部地区就业影响的短期效应。我们均选用固定效应模型，控制了城市固定效应和时间固定效应。

表 5.11　　　东部、中部和西部的当期和短期效应回归结果

VARIABLES	西部 当期	中部 当期	东部 当期	西部 短期	中部 短期	东部 短期
stl	0.00214 (0.00191)	0.000569 (0.000870)	0.000896 (0.000975)	0.00221 (0.00195)	0.000480 (0.000905)	0.000892 (0.00103)
l1stl				0.000398 (0.00118)	0.000313 (0.000852)	1.09e-05 (0.000963)

续表

VARIABLES	西部 当期	中部 当期	东部 当期	西部 短期	中部 短期	东部 短期
LF	-6.61e-09 (3.65e-08)	4.22e-08 (2.72e-08)	1.92e-08 (1.26e-08)	-8.43e-09 (3.68e-08)	4.24e-08 (2.72e-08)	1.92e-08 (1.26e-08)
l2gdpper	-1.74e-06 (1.42e-06)	4.09e-06** (2.01e-06)	3.32e-06* (1.81e-06)	-1.89e-06 (1.44e-06)	4.13e-06** (2.01e-06)	3.32e-06* (1.82e-06)
l2open	-0.000427 (0.00124)	-0.00204 (0.00135)	0.000271 (0.000619)	-0.000444 (0.00125)	-0.00201 (0.00135)	0.000271 (0.000620)
l2gdpl	-0.205 (0.374)	-1.606*** (0.607)	1.132 (0.790)	-0.225 (0.375)	-1.604*** (0.608)	1.132 (0.791)
lnk	0.155 (0.114)	-0.137 (0.163)	0.129 (0.149)	0.152 (0.114)	-0.134 (0.164)	0.129 (0.149)
lnpopu	0.429 (0.329)	0.165 (0.158)	0.194 (0.310)	0.439 (0.333)	0.162 (0.158)	0.194 (0.311)
City	YES	YES	YES	YES	YES	YES
Year	YES	YES	YES	YES	YES	YES
Constant	-1.042 (2.724)	3.816** (1.662)	1.380 (3.086)	-1.136 (2.744)	3.797** (1.665)	1.382 (3.093)
Obs	444	426	497	440	426	497
R - squared	0.458	0.556	0.543	0.462	0.556	0.543
citycode	82	80	97	82	80	97

注：括号内为稳健标准误，* 为显著性水平，*** $p<0.01$，** $p<0.05$，* $p<0.1$。

工业用地出让方式对就业的当期和短期效应的地区对比。西部地区的工业用地出让方式对就业的当期效应和短期显著为正，中部和东部都不显著，中部和东部都为正。在西部地区，工业用地的低市场出让的比例每增加一个百分点，当年就业人口增长0.35%，而控制了工业用地的低市场出让的比例的滞后一年之后，当期影响依然显著为正且上升为0.4%，滞后一期的影响也显著为正，且影响系数为0.23%。东部和中部的短期效应仍旧不显著。

表 5.12 为东部、中部和西部的中期和长期效应回归结果。前三列为工业用地低市场化出让比例对西部、中部和东部地区就业影响的中期效应；后三列为工业用地低市场化出让比例对西部、中部和东部地区就业影响的长期效应。我们均选用固定效应模型，控制了城市固定效应和时间固定效应。

表 5.12　　东部、中部和西部的中期和长期效应回归结果

VARIABLES	西部 中期	中部 中期	东部 中期	西部 长期	中部 长期	东部 长期
stl	0.00208 (0.00237)	-0.000462 (0.00102)	0.000255 (0.00114)	-0.00179 (0.00137)	-0.00179 (0.00137)	0.000248 (0.00211)
l1stl	0.00123 (0.00177)	0.00156* (0.000926)	-0.000134 (0.00116)	-0.000711 (0.00115)	-0.000711 (0.00115)	-0.00104 (0.00196)
l2stl	0.00166 (0.00109)	-9.91e-05 (0.000964)	-6.17e-05 (0.000955)	0.000330 (0.00153)	0.000330 (0.00153)	-0.000469 (0.00178)
l3stl	-6.09e-06 (0.000875)	0.000805 (0.00101)	0.000257 (0.000953)	-0.000319 (0.00136)	-0.000319 (0.00136)	0.000578 (0.00168)
l4stl				-0.000835 (0.00120)	-0.000835 (0.00120)	-0.000489 (0.00144)
l5stl				-0.000592 (0.00152)	-0.000592 (0.00152)	0.000847 (0.00154)
LF	-1.75e-08 (3.57e-08)	4.20e-08 (2.84e-08)	2.29e-08 (1.44e-08)	-3.00e-08 (4.90e-08)	-3.00e-08 (4.90e-08)	2.45e-08 (2.09e-08)
l2gdpper	-6.47e-07 (1.63e-06)	2.72e-06 (2.29e-06)	2.51e-06 (2.10e-06)	-2.26e-06 (3.54e-06)	-2.26e-06 (3.54e-06)	3.95e-06 (4.05e-06)
l2open	-0.000562 (0.00118)	-0.00300** (0.00134)	0.000445 (0.000752)	-0.00293 (0.00223)	-0.00293 (0.00223)	-8.19e-05 (0.00169)
l2gdp1	-0.582 (0.363)	-1.191* (0.690)	0.606 (0.963)	-1.844 (1.334)	-1.844 (1.334)	0.896 (2.640)
lnk	0.174 (0.132)	-0.202 (0.198)	-0.0321 (0.180)	-0.535 (0.398)	-0.535 (0.398)	-0.424 (0.424)
lnpopu	-0.0515 (0.867)	0.171 (0.183)	-0.360 (0.961)	0.456 (0.347)	0.456 (0.347)	-0.914 (1.461)

续表

VARIABLES	西部 中期	中部 中期	东部 中期	西部 长期	中部 长期	东部 长期
Constant	2.343 (7.002)	4.202** (1.987)	7.539 (8.487)	5.521 (4.143)	5.521 (4.143)	15.76 (13.06)
City	YES	YES	YES	YES	YES	YES
Year	YES	YES	YES	YES	YES	YES
Obs	381	376	437	218	218	257
R - squared	0.507	0.524	0.501	0.440	0.440	0.349
citycode	79	80	97	75	75	97

注：括号内为稳健标准误，* 为显著性水平，*** $p<0.01$，** $p<0.05$，* $p<0.1$。

工业用地出让方式对就业的中期和长期效应的地区对比。和短期效应类似，西部地区的中期效应也显著为正，工业用地低市场化出让的比例每提高一个百分点，两年后的就业人数提高0.6%。东部和中部地区的中期和长期效应都不显著，即工业用地低市场化出让的比例对东部和中部地区就业在中期和长期内都没有显著的影响。

第六节　本章结论

通过工业用地的低市场化出让的比例对GDP增长速度影响的研究发现：首先，工业用地的低市场化出让比例在当期、短期和中期对GDP增长速度没有显著影响，但是在长期会对GDP增长速度产生显著的抑制效应。工业用地的低市场化出让比例对GDP增长速度的影响具有明显的地区异质性。其次，工业用地的低市场化出让比例在当期和短期对工业总产值没有显著影响，但是在中期和长期会对工业总产值产生显著的抑制效应。工业用地的低市场化出让比例对工业总产值的影响具有明显的地区异质性。

根据我们本节工业用地出让方式对工业总产值的影响来看，工业用地的低市场化出让比例在当期和短期对工业总产值没有显著影响，但是在中期和长期会对工业总产值产生显著的抑制效应。工业用地的低市场化出让比例对工业总产值的影响具有明显的异质性，工业用地的低市场化出让比例在东部和中部地区没有表现出显著的短期影响效应，但在西部地区其可在短期内以显著刺激工业总产值的增加；工业用地的低市场化出让比例在中部地区也没用表现显著的中期效应，但在东部其对工业增加值有显著的中期负向抑制作用，在西部地区对工业增加值有显著的中期正向刺激作用；工业用地的低市场化出让比例在中部地区也没有表现显著的长期效应，但在东部其对工业增加值有显著的长期负向抑制作用，在西部地区对工业增加值有显著的长期正向刺激作用。

根据我们本节工业用地出让方式对非房地产固定资产投资的影响来看，工业用地的低市场化出让比例在当期、短期、中期和长期对非房地产固定资产投资没有显著影响。工业用地出让方式对非房地产固定资产投资的影响在当期和短期内有显著的地区异质性，在中期和长期来看，没有显著地区差异。分地区来看，东部地区的工业用地低市场出让占比对非房地产固定资产投资的当期效应和短期效应显著为负，而中部地区和西部地区的影响都不显著；但是在中期和长期，三大区域都不存在显著影响。

根据我们本节工业用地出让方式对就业影响来看，工业用地的低市场化出让比例在当期、短期、中期和长期对就业都没有显著影响。工业用地出让方式对就业的影响在当期、短期和中期内有显著的地区异质性，在中期来看，没有显著地区差异。西部地区的工业用地出让方式对就业的当期、短期和中期显著为正，中部和东部都不显著；长期效应在三大区域都不明显。

| 第六章 |

工业用地出让方式的结构对经济增长质量的影响

高质量增长也是当前经济发展的必然要求，有关增长的问题不能越过增长质量，增长质量也是增长速度的进一步扩展。并且，要理清工业用地出让方式对经济发展的影响和影响机制，也要研究微观企业的行为。因此，本章从微观层面，研究工业用地出让方式对经济增长质量的影响。本章一方面研究了工业用地出让方式对城市层面的资源配置效率和区域创新能力的影响，另一方面也研究了工业用地出让方式对企业效率的影响。在城市层面，城市的资源配置效率和创新能力能够促进经济的长期增长，也能代表更高效的增长，在企业层面，企业效率能代表企业的发展质量。因此，本章用城市资源配置效率、城市创新能力和企业效率来代表经济增长质量。

第一节　城市资源配置机制

一、研究设计

（一）模型构建

为了研究工业用地出让方式对城市资源配置效率的影响，我们构建如下计量模型：

$$y_{it} = \beta_0 + \beta_1 stl_{it} + \beta control_{it} + \mu_i + \nu_t + \epsilon_{it} \tag{6-1}$$

为了研究其短期、中期和长期效应的区别，我们建立如下模型：

$$y_{it} = \beta_0 + \beta_1 \sum_0^j stl + \beta control_{it} + \mu_i + \nu_t + \epsilon_{it} \quad (6-2)$$

其中，j = 1,2,3,4,5，即以滞后 1 至 5 年来代表短期、中期和长期效应。i 代表城市，t 代表年份。

Y 是地级市的资源配置效率。stl 为工业用地低市场化出让的比例，control 为控制变量。

（二）变量选择

我们的被解释变量为资源配置效率。资源配置效率，我们使用全要素生产率（TFP）来表示，我们通过索罗残差法获得。

我们的核心解释变量为工业用地出让方式的结构，我们用工业用地的低市场化出让的面积占工业用地出让总面积的比例来代表工业用地出让方式的结构。

控制变量包括经济发展水平、对外开放程度、产业结构、人口数量和资本存量。经济发展水平，我们用人均 GDP 来表示；对外开放程度（open），我们用 FDI 占固定资产投资的比重来代表；产业结构，我们使用第一产业占 GDP 的比重（gdp1）和第二产业占 GDP 的比重（gdp2）来代表；资本存量（lnk），本书用通用的“永续盘存法”估算城市的资本存量。对初始资本的估算采用 Hall 和 Jones（1999）的方法，运用初始年份的投资数据除以 10% 计算。资本年度折旧率 δ 按之前文献做法取 6%，再利用价格平减后的各个城市历年投资数据，计算出各个城市历年的资本存量；劳动力（lnlabour）我们使用就业人口来表示；科研投入强度，我们用高等学校在校生占比（stud）和科研人员数量（lnrdstaff）来代表。我们还加入了政府支出强度（Fexpend）与私营企业从业人数占比（private）作为控制变量。在检验资源配置效率机制时，我们加入了地理禀赋的控制变量（distance），即该城市离三大港口（天津、上海和广州）的最短距离。

二、实证检验

（一）基准回归结果

工业用地出让方式对资源配置效率的影响的基本回归结果如表 6.1 所

示。其中第一列为未加控制变量的结果；第二列为加入相关控制变量的结果，且解释变量为当期的工业用地出让方式；第三列为短期影响的结果；第四列为中期影响的结果；第五列为长期影响的结果，即核心解释变量为工业用地出让方式的当期及滞后一到五期。考虑到地理禀赋对 TFP 影响的特殊性，我们均选用混合截面模型。

表 6.1　　对 TFP 影响的基准回归结果

VARIABLES	(1)	(2)	(3)	(4)	(5)
	无控制变量	当期	短期	中期	长期
stl	0.00193 (0.00175)	0.00125 (0.00176)	0.00146 (0.00223)	0.00318 (0.00249)	0.00135 (0.00297)
l1stl			-0.000747 (0.00232)	-0.000679 (0.00264)	0.00257 (0.00333)
l2stl				-0.00293 (0.00243)	-0.00220 (0.00272)
l3stl					-0.00441* (0.00255)
distanceϑ		-0.0788** (0.0400)	-0.0747* (0.0427)	-0.0721 (0.0458)	-0.0634 (0.0493)
gdpper		0.0978 (0.0688)	0.106 (0.0753)	0.0965 (0.0825)	0.0713 (0.0925)
open		-0.000767* (0.000442)	-0.000899* (0.000485)	-0.000915* (0.000539)	-0.000889 (0.000584)
lnk		-0.401*** (0.0613)	-0.433*** (0.0663)	-0.432*** (0.0724)	-0.442*** (0.0790)
lnlabour		0.0212 (0.0634)	0.0273 (0.0683)	0.0221 (0.0742)	0.0315 (0.0810)
gdp1		0.00180 (0.00502)	0.00135 (0.00543)	0.00105 (0.00591)	0.000569 (0.00648)
gdp2		0.00490* (0.00271)	0.00544* (0.00288)	0.00603* (0.00308)	0.00640* (0.00334)
LF		-2.78e-08 (2.70e-08)	-2.67e-08 (2.80e-08)	-2.63e-08 (2.92e-08)	-2.71e-08 (3.11e-08)

续表

VARIABLES	(1) 无控制变量	(2) 当期	(3) 短期	(4) 中期	(5) 长期
lnroad		0.318*** (0.0382)	0.346*** (0.0422)	0.341*** (0.0455)	0.331*** (0.0496)
private		0.0714* (0.0409)	0.0769* (0.0431)	0.0789* (0.0455)	0.0807 (0.0491)
Fexpend		0.0102*** (0.00160)	0.00963*** (0.00173)	0.0107*** (0.00194)	0.0121*** (0.00217)
innovation		0.000341 (0.000974)	0.000338 (0.00101)	0.000423 (0.00104)	0.000525 (0.00108)
lnrdstaff		0.142*** (0.0275)	0.146*** (0.0298)	0.150*** (0.0326)	0.156*** (0.0355)
stud		4.070*** (1.297)	4.173*** (1.372)	4.448*** (1.475)	4.801*** (1.608)
Constant	-0.931*** (0.169)	-1.223* (0.705)	-1.303* (0.790)	-1.081 (0.883)	-0.543 (1.023)
Obs	2092	1532	1389	1235	1077
R-squared	0.001	0.216	0.221	0.227	0.231

注：括号内为稳健标准误，* 为显著性水平，*** $p<0.01$，** $p<0.05$，* $p<0.1$。

由于全要素生产率的反应比较迅速，且对土地成本、政府干预的敏感性较强，因此在这里我们用三年来代表长期影响结果。结果显示，工业用地出让方式对资源配置效率在短期和中期都没有显著影响，但是在长期来看，其显著抑制了资源配置效率。具体来说，当工业用地低市场化出让的比例提高一个百分点，则该城市三年后的资源配置效率下降0.44%。考虑到工业用地低市场化出让的均值为95%，如果其下降到50%，则三年后的资源配置效率提高19.8%；如果其下降到零值，则三年后的资源配置效率提高41.8%。

（二）地理禀赋的调节效应

表6.2为加入地理禀赋的调节作用之后的结果。其中，第一列包含全部控制变量作为基准结果。第二列去掉了经济发展的控制变量，第三列去掉了

经济结构的控制变量，第四列去掉了土地财政收入的控制变量，第五列去掉了制度因素的控制变量，作为稳健性检验。因为地理禀赋并不随时间而改变，因此我们选用混合截面模型来估计。

表 6.2　　　　加入地理禀赋的调节效应

VARIABLES	(1)	(2)	(3)	(4)	(5)
	01	02	03	04	05
stl	−0.0310* (0.0184)	−0.0318* (0.0184)	−0.0294 (0.0184)	−0.0307* (0.0184)	−0.0292 (0.0183)
distance	−0.581** (0.289)	−0.577** (0.289)	−0.544* (0.288)	−0.573** (0.289)	−0.561* (0.286)
stl * distance	0.00522* (0.00297)	0.00538* (0.00297)	0.00495* (0.00297)	0.00518* (0.00297)	0.00493* (0.00294)
gdpper	0.0961 (0.0687)		0.128** (0.0544)	0.0865 (0.0681)	0.118* (0.0657)
open	−0.000745* (0.000442)		−0.000827* (0.000440)	−0.000705 (0.000441)	−0.000818* (0.000438)
gdp1	0.00212 (0.00502)	9.87e−05 (0.00417)		0.00212 (0.00502)	0.00511 (0.00479)
gdp2	0.00515* (0.00271)	0.00558** (0.00270)		0.00534** (0.00271)	0.00625** (0.00262)
LF	−2.84e−08 (2.69e−08)	−2.17e−08 (2.67e−08)	−3.26e−08 (2.69e−08)		−3.26e−08 (2.69e−08)
private	0.0724* (0.0409)	0.0896** (0.0395)	0.0683* (0.0394)	0.0740* (0.0409)	
lnroad	0.319*** (0.0381)	0.306*** (0.0374)	0.313*** (0.0376)	0.317*** (0.0381)	0.342*** (0.0377)
Fexpend	0.0102*** (0.00160)	0.0111*** (0.00149)	0.0111*** (0.00153)	0.0104*** (0.00159)	0.00939*** (0.00157)
lnk	−0.408*** (0.0614)	−0.338*** (0.0462)	−0.403*** (0.0589)	−0.413*** (0.0613)	−0.421*** (0.0600)
lnlabour	0.0302 (0.0635)	−0.0252 (0.0536)	0.0219 (0.0611)	0.0200 (0.0628)	0.0373 (0.0592)

续表

VARIABLES	(1)	(2)	(3)	(4)	(5)
	01	02	03	04	05
innovation	0.000360 (0.000973)	0.000245 (0.000931)	0.000157 (0.000968)	0.000333 (0.000973)	0.000135 (0.000968)
lnrdstaff	0.145*** (0.0276)	0.149*** (0.0268)	0.145*** (0.0262)	0.144*** (0.0275)	0.134*** (0.0255)
stud	4.264*** (1.301)	4.540*** (1.293)	3.317*** (1.189)	4.299*** (1.300)	4.412*** (1.279)
Constant	1.879 (1.900)	2.556 (1.818)	1.705 (1.866)	2.000 (1.897)	1.441 (1.882)
Obs	1532	1533	1532	1532	1594
R - squared	0.218	0.216	0.216	0.217	0.214

注：括号内为稳健标准误，* 为显著性水平，*** $p<0.01$，** $p<0.05$，* $p<0.1$。

首先，加入调节项之后，工业用地低市场出让的比例对全要素生产率影响的变化。从全5列来看，工业用地低市场出让的比例可以显著抑制全要素生产率。加入调节项以及全部控制变量之后，对比表6.2第2列，工业用地低市场出让的比例对全要素生产率影响的显著性以及程度都有显著提升，这也表明了调节项的必要性。

其次，地理禀赋对全要素生产率的影响。综合全5列来看，地理禀赋会显著影响全要素生产率，具体来说，离大港口的距离越近，城市的全要素生产率越高。工业企业产品大多面向全国乃至全球销售，而离大港口越近，其交通运输成本越低。并且，离大港口越近，其越容易享受到改革开放的红利。综上地理禀赋通过交通成本、要素流动、技术吸收和制度红利等的积累来影响到全要素生产率。

最后，地理禀赋和工业用地低市场出让比例的交互项也对全要素生产率产生显著影响。综合五列来看，交互项都显著促进了全要素生产率的提高。在地理禀赋较差的地方，提高工业用地低市场化出让的比例反而促进了全要素生产率的提高。

（三）城市行政级别异质性回归结果

表6.3为城市级别异质性的回归结果。两列分别为工业用地低市场化出

让比例对普通地级市和省会及计划单列市的全要素生产率的影响效应。我们均选用混合截面模型。

表 6.3　　　　城市行政级别的异质性回归结果

VARIABLES	(1)	(2)
	地级市	省会及计划单列市
stl	0.000999 (0.00336)	0.00145 (0.00537)
l1stl	0.00273 (0.00363)	-0.000794 (0.00662)
l2stl	-0.00211 (0.00302)	0.00203 (0.00485)
l3stl	-0.00465* (0.00282)	-6.04e-05 (0.00453)
distance	-0.126** (0.0558)	0.0954 (0.118)
gdpper	0.0884 (0.102)	-0.182 (0.253)
open1	-0.00185*** (0.000699)	0.000282 (0.00109)
lnk	-0.504*** (0.0866)	-0.00397 (0.211)
lnlabour	0.0319 (0.0891)	0.269 (0.247)
gdp1	0.00396 (0.00705)	-0.0340 (0.0274)
gdp2	0.00871** (0.00384)	-0.00242 (0.00758)
LF	-5.14e-08 (4.43e-08)	-1.15e-08 (3.67e-08)
lnroad	0.335*** (0.0532)	0.291* (0.158)
private	0.0877* (0.0531)	0.180 (0.134)

续表

VARIABLES	(1) 地级市	(2) 省会及计划单列市
Fexpend	0.0111 *** (0.00232)	0.00606 (0.00995)
innovation	0.00391 (0.00531)	-0.00133 (0.00109)
lnrdstaff	0.187 *** (0.0409)	-0.0745 (0.122)
stud	10.03 *** (3.057)	-2.900 (2.347)
Constant	-0.202 (1.120)	-2.451 (3.101)
Obs	950	127
R - squared	0.240	0.225

注：括号内为稳健标准误，* 为显著性水平，*** $p<0.01$，** $p<0.05$，* $p<0.1$。

对比两列回归结果来看，工业用地出让方式对全要素生产率的影响有非常明显的城市级别异质性，工业用地出让方式对全要素生产率的影响主要体现在普通地级市上，对省会及计划单列市等高行政级别的城市的影响并不显著。具体来说，当工业用地低市场化出让的比例提高 1 个百分点，那么普通地级市三年后的城市全要素生产率下降 0.5%。

第二节　城市创新抑制机制

一、研究设计

（一）模型构建

为了研究工业用地出让方式对城市资源配置效率的影响，我们构建如下计量模型：

$$y_{it} = \beta_0 + \beta_1 stl_{it} + \beta control_{it} + \mu_i + \nu_t + \epsilon_{it} \tag{6-3}$$

为了研究其短期、中期和长期效应的区别，我们建立如下模型：

$$y_{it} = \beta_0 + \beta_1 \sum_0^j stl + \beta control_{it} + \mu_i + \nu_t + \epsilon_{it} \qquad (6-4)$$

其中，j=1，2，3，4，5，即以滞后1至5年来代表短期、中期和长期效应。i代表城市，t代表年份。

Y是地级市的创新指数。stl为工业用地低市场化出让的比例，control为控制变量。

（二）变量选择

被解释变量是地级市的创新指数，我们选用复旦大学构建的创新指数来衡量创新能力，其通过国家知识产权局微观发明授权专利的法律状态更新信息，以及不同年龄发明专利的年费结构，通过专利更新模型，来计算创新指数。

核心解释变量为工业用地出让方式的结构，我们用工业用地的低市场化出让的面积占工业用地出让总面积的比例来代表工业用地出让方式的结构。

控制变量包括经济发展水平、对外开放程度、产业结构、人口数量和资本存量。经济发展水平，我们用人均GDP来表示；对外开放程度（open），我们用FDI占固定资产投资的比重来代表；产业结构，我们使用第一产业占GDP的比重（gdp1）和第二产业占GDP的比重（gdp2）来代表；资本存量（lnk），本书用通用的“永续盘存法”估算城市的资本存量。对初始资本的估算采用Hall和Jones（1999）的方法，运用初始年份的投资数据除以10%计算。资本年度折旧率δ按之前文献做法取6%，再利用价格平减后的各个城市历年投资数据，计算出各个城市历年的资本存量；劳动力（lnlabour）我们使用就业人口来表示；科研投入强度，我们用高等学校在校生占比（stud）和科研人员数量（lnrdstaff）来代表。我们还加入了政府支出强度（Fexpend）与私营企业从业人数占比（private）作为控制变量。

二、实证检验

（一）基准回归结果

工业用地出让方式对创新的影响的基本回归结果如表6.4所示。其中第一列为未加控制变量的结果；第二列为加入相关控制变量的结果，且解释变量为当期的工业用地出让方式；第三列为短期影响的结果，即解释变量为当期的工业用地出让方式及其一阶和二阶滞后；第四列为中期影响的结果，即核心解释变量为工业用地出让方式的当期及一阶、二阶和三阶滞后；第五列为长期影响的结果，即核心解释变量为工业用地出让方式的当期及滞后一到五期。我们均选用固定效应模型，控制城市固定效应和时间固定效应。

表 6.4　对城市创新影响的基准回归结果

VARIABLES	(1)	(2)	(3)	(4)	(5)
	无控制变量	当期	短期	中期	长期
stl	-0.000979 (0.00113)	-0.00130* (0.000707)	-9.19e-05 (0.000741)	-0.000127 (0.000739)	-0.000570 (0.000707)
l1stl			-0.000220 (0.000677)	-0.000282 (0.000676)	0.00107* (0.000609)
l2stl			-0.00129** (0.000580)	-0.00124** (0.000579)	-0.000314 (0.000669)
l3stl				-0.000975* (0.000540)	-0.00147** (0.000602)
l4stl					-0.000917** (0.000455)
l5stl					-0.00101** (0.000439)
lnk		0.315*** (0.0513)	0.211*** (0.0512)	0.231*** (0.0515)	0.359*** (0.0590)
gdpper		-0.0242 (0.0751)	0.272*** (0.0794)	0.246*** (0.0797)	0.668*** (0.111)
open		-1.434*** (0.271)	-0.975*** (0.292)	-0.979*** (0.291)	-0.565** (0.280)
gdp1		0.0179*** (0.00455)	0.0171*** (0.00547)	0.0169*** (0.00547)	0.0148** (0.00683)
gdp2		-0.0163*** (0.00194)	-0.00926*** (0.00171)	-0.00894*** (0.00171)	-0.00815*** (0.00253)

续表

VARIABLES	(1)	(2)	(3)	(4)	(5)
	无控制变量	当期	短期	中期	长期
lnhstudent		-0.0217 (0.0299)	0.0469 (0.0291)	0.0454 (0.0290)	-0.00230 (0.0239)
lnrdstaff		0.817*** (0.0437)	0.967*** (0.0581)	0.966*** (0.0581)	0.405*** (0.0817)
lnroad		-0.0168 (0.0330)	0.104*** (0.0392)	0.101*** (0.0391)	0.0593* (0.0346)
Constant	0.988*** (0.108)	-3.953*** (0.451)	-8.171*** (0.524)	-7.959*** (0.529)	-10.52*** (0.883)
City	YES	YES	YES	YES	YES
Year	YES	YES	YES	YES	YES
Obs	2217	1787	1272	1269	762
R-squared	0.000	0.725	0.773	0.775	0.776
Citycode	280	269	263	262	260

注：括号内为稳健标准误，* 为显著性水平，*** $p<0.01$，** $p<0.05$，* $p<0.1$。

当期效应。在不加入控制变量时，工业用地的低市场化出让比例对创新的影响不显著，但是一旦加入相关控制变量，工业用地的低市场化出让比例的降低会显著刺激当年的城市创新能力的增加，如第二列所示，并且加入控制变量之后，拟合系数也有大幅度的上升，从最初的0上升到72.5%。具体来说，工业用地的低市场化出让比例每降低一个百分点，当年的城市创新能力会上升0.13%。考虑到工业用地的低市场化出让比例的均值为95%，如果其从均值下降到50%，则当年的城市创新能力会上升5.85%；如果其从均值下降到0，则当年的城市创新能力会上升12.35%。工业用地的低市场化出让比例对当年的城市创新能力会产生明显的负向抑制作用。

短期效应。在第三列中，我们加入了工业用地的低市场化出让比例的一期和二期滞后，来代表工业用地以低市场化方式出让之后的一年和两年对城市创新能力的影响。在加入工业用地的低市场化出让比例的二期滞后之后，我们发现二期滞后项会显著降低城市的创新能力。具体来说，工业用地的低市场化出让比例每降低一个百分点，两年后的城市创新能力会上升 0. 129%。考虑到工业用地的低市场化出让比例的均值为 95%，如果其从均值下降到 50%，则两年后的城市创新能力会上升 5. 85%；如果其从均值下降到 0，则两年后的城市创新能力会上升 12. 26%。工业用地的低市场化出让比例对两年后的城市创新能力会产生明显的负向抑制作用。

中期效应。在第四列中，我们又加入了滞后三期来代表中期影响。研究发现，滞后三期的工业用地的低市场化出让比例会对城市创新能力造成显著的负面影响。具体来说，工业用地的低市场化出让比例每提高一个百分点，三年后的城市创新能力下降 0. 0975%。考虑到工业用地低市场化出让的平均比例为 95%，如果某地区的工业用地低市场化出让的比例从均值降至 50%，那么三年后的城市创新能力上升 4. 38%，如果其比例降至零，三年后的城市创新能力上升 9. 26%。

长期效应。在最右一列中，我们考察了工业用地的低市场化出让比例对一般公共预算收入占 GDP 的比重的长期影响，即我们的变量中加入了工业用地的低市场化出让比例的当期以及滞后 1 期一直到滞后 5 期。研究发现，工业用地的低市场化出让比例的升高会对城市创新能力产生长期的抑制效应，特别是出让后的第五年。具体来看，工业用地的低市场化出让比例每下降一个百分点，五年后城市创新能力会上升 0. 1%。考虑到工业用地低市场化出让的平均比例为 95%，如果某地区的工业用地低市场化出让的比例从均值降至 50%，那么三年后的城市创新能力上升 4. 5%，如果其比例降至零，三年后的城市创新能力上升 9. 5%。

根据我们的实证结果来看，工业用地的低市场化出让比例在当期、短期、中期和长期会对城市创新能力产生显著的抑制效应。具体来说，如果工业用地的低市场化出让比例降低一个百分点，当年的城市创新能力会上升 0. 13%，两年后的城市创新能力上升 0. 13%，五年后城市创新能力上升 0. 1%。

（二）地区异质性回归结果

表 6. 5 为创新抑制机制的地理异质性回归结果。三列分别为工业用地低市场化出让比例对西部、中部和东部地区的创新能力的影响效应。我们均选用固定效应模型，控制了城市固定效应和时间固定效应。

表 6.5　　　　　　　　　　地区异质性结果

VARIABLES	(1)	(2)	(3)
	西部	中部	东部
stl	0.00538* (0.00298)	8.47e-05 (0.000958)	-0.000350 (0.00108)
l1stl	0.00249 (0.00212)	0.00109 (0.000797)	0.000244 (0.000985)
l2stl	-0.000552 (0.00222)	0.000571 (0.00102)	-0.00107 (0.000939)
l3stl	-0.00125 (0.00170)	-0.00126 (0.000904)	-0.000262 (0.000873)
l4stl	-0.00116 (0.000869)	0.000814 (0.000808)	-0.00196*** (0.000704)
l5stl	-0.000495 (0.000674)	0.000246 (0.000883)	-0.00204*** (0.000721)
lnk	0.417*** (0.128)	0.356*** (0.0905)	0.392*** (0.115)
gdpper	0.552** (0.224)	0.377* (0.200)	0.932*** (0.169)
open	-0.101 (0.906)	-0.390 (0.751)	-0.225 (0.305)
gdp1	-0.0139 (0.0125)	0.0124 (0.0112)	0.0341*** (0.0121)
gdp2	-0.0189*** (0.00582)	-0.00216 (0.00323)	-0.00862* (0.00468)
lnhstudent	0.0209 (0.0587)	-0.0149 (0.0277)	0.0513 (0.0593)
lnrdstaff	-0.120 (0.140)	0.625*** (0.127)	0.521*** (0.160)
lnroad	-0.0255 (0.0584)	0.0967 (0.0658)	0.121** (0.0545)

续表

VARIABLES	(1)	(2)	(3)
	西部	中部	东部
Constant	-6.904*** (1.590)	-9.410*** (1.719)	-14.86*** (1.374)
City	YES	YES	YES
Year	YES	YES	YES
Obs	193	282	287
R - squared	0.771	0.776	0.862
Citycode	69	94	97

注：括号内为稳健标准误，* 为显著性水平，*** $p<0.01$，** $p<0.05$，* $p<0.1$。

对比三列结果来看，工业用地低市场化出让比例对城市创新能力的抑制效应主要集中在东部地区，对中部和西部地区影响不显著。具体来说，当工业用地低市场化出让比例提高 1 个百分点，东部地区 4 年后的城市创新力能力下降 0.2%，五年后的城市创新力能力也下降 0.2%。考虑到工业用地低市场化出让的平均比例为 95%，如果东部地区的工业用地低市场化出让的比例从均值降至 50%，那么 4 年和 5 年后的城市创新能力都上升 9%，如果其比例降至 0，4 年和 5 年后的城市创新能力上升 19%。我们再来看控制变量，资本存量对东部、中部、西部的城市创新能力都有显著正向影响。但是影响幅度不一样，其对西部地区影响最大，这也说明了西部地区的创新能力对资本比较敏感，资本的集中能带来城市创新能力的较大幅度的提升。人均 GDP 也都可以为东部、中部、西部地区带来城市创新能力的提升。反应科技投入的两个变量的影响并不一致，高等学校在校生数对东中西部的城市创新能力没有显著影响，但科研人员数量可以显著提高中部和东部的城市创新能力。

（三）城市行政级别异质性回归结果

表 6.6 为城市级别异质性的回归结果。两列分别为工业用地低市场化出让比例对普通地级市和省会及计划单列市的创新能力的影响效应。我们均选用固定效应模型，控制了城市固定效应和时间固定效应。

表 6.6　　　　城市级别的异质性回归结果

VARIABLES	(1)	(2)
	地级市	省会及计划单列市
stl	-0.000723 (0.000755)	0.00224* (0.00133)
l1stl	0.000809 (0.000648)	0.00351*** (0.00120)
l2stl	8.41e-05 (0.000725)	0.00102 (0.00134)
l3stl	-0.00124* (0.000689)	0.000451 (0.000851)
l4stl	-0.000817 (0.000517)	-0.00310*** (0.000780)
l5stl	-0.000663 (0.000481)	-0.00358*** (0.000792)
lnk	0.349*** (0.0633)	0.702*** (0.124)
gdpper	0.557*** (0.122)	0.635*** (0.191)
open	-0.491* (0.289)	-1.240* (0.649)
gdp1	0.0118* (0.00696)	-0.0870** (0.0330)
gdp2	-0.00743*** (0.00266)	0.00947 (0.00597)
lnhstudent	-0.00561 (0.0241)	0.230** (0.0918)
lnrdstaff	0.434*** (0.0876)	0.329** (0.124)
lnroad	0.0664* (0.0359)	0.0640 (0.0769)

续表

VARIABLES	(1)	(2)
	地级市	省会及计划单列市
Constant	-9.704*** (0.963)	-13.17*** (1.522)
City	YES	YES
Year	YES	YES
Obs	672	90
R - squared	0.757	0.971
Citycode	230	30

注：括号内为稳健标准误，* 为显著性水平，*** $p<0.01$，** $p<0.05$，* $p<0.1$。

对比两列回归结果来看，工业用地出让方式对创新能力的影响有非常明显的城市级别异质性，工业用地出让方式对创新能力的影响主要体现在省会及计划单列市等高行政级别的城市上面，其对普通地级市的影响并不显著。具体来说，当工业用地低市场化出让的比例提高 1 个百分点，那么省会及计划单列市四年后的城市创新能力下降 0.31%，五年后的城市创新能力下降 0.36%。

第三节　本章结论

本章从理论推导和实证检验了工业用地出让方式对经济增长影响的城市资源配置机制和创新抑制机制。城市资源配置机制的结果显示：第一，工业用地出让方式对资源配置效率在短期和中期都没有显著影响，但是在长期来看，其显著抑制了资源配置效率；第二，地理禀赋会显著影响全要素生产率，离大港口的距离越近，城市的全要素生产率越高；第三，由于地理禀赋的外部性，在地理禀赋较差的地方，提高工业用地低市场化出让的比例反而促进了全要素生产率的提高；第四，工业用地出让方式对全要素生产率的影响有非常明显的城市级别异质性，工业用地出让方式对全要素生产率的影响主要体现在普通地级市上，对省会及计划单列市等高行政级别的城市的影响并不显著。创新抑制机制的结果显示：第一，工业用地的低市场化出让比例在当期、短期、中期和长期会对城市创新能力产生显著的抑制效应；第二，工业用地出让方式对创新的影响有非常明显的区位异质性，工业用地低市场化出让比例对城市创新能力的抑制效应主要集中在东部地区，对中部和西部地区影响不显著；第三，工业用地出让方式对创新能力的影响有非常明显的城市级别异质性，工业用地出让方式对创新能力的影响主要体现在省会及计划单列市等高行政级别的城市上面，其对普通地级市的影响并不显著。

| 第七章 |

拓展性分析：土地出让与区域创新

在以创新驱动供给侧结构性改革的大背景下，作为地方政府财政收入主要来源的土地财政对区域创新造成何种影响，是关乎中国经济转型和能否持续增长的重大问题。本章首次利用中国土地市场网公示的2007～2014年每一笔土地交易信息，构建地级市商住用地和工业用地出让数据，考察了“土地财政”对区域创新的影响和作用机制。研究发现：第一，构成土地财政的商住用地出让收入可以显著促进区域创新能力；第二，土地财政对创新的影响存在“补给效应”机制，即土地财政可以放松财政预算约束，补给科教支出；第三，土地财政对创新的影响存在“补偿效应”机制，即补偿低价出让工业用地的成本缺口，低价出让更多的工业用地来进行重点产业、高科技产业的招商引资。①

第一节　引　　言

2017年，国有土地使用权出让总收入超过5.2万亿元，同比增长40.7%，占地方财政收入的57%，创历史新高。② 土地总出让中包含工业用地出让和商住用地出让，工业用地占据了接近半数的面积份额，商业用地和

---

① 本文原刊于“张充．土地财政促进了区域创新吗？——基于地级市面板数据的实证检验[J]．云南财经大学学报，2019，35（05）：101－112”。

② 数据来自财政部《2017年财政收支情况》。

住宅用地却占据了95%的收入份额[①]。前者因为政府的低价引资策略形成了“以地引资”，后者才是我们通常所说的“土地财政”。土地财政也成为近年来学术界关注的热点问题。一方面，土地财政助推了高房价（郑思齐和师展，2011），不利于提升企业规模扩张的质量效应和技术效应（邓博文，2014），并且既不利于公共服务的供给也不利于公共服务的均等化（李斌和卢娟，2018），而且由于土地财政的不可持续性，推高了系统性金融和财政风险发生的可能。现有文献大多关注土地财政的负面影响，对其可能存在的积极影响有所忽视。另一方面，在中国转型时期，土地财政积极的“融资作用”也不可忽视，如其弥补了财政改革过程的财权和事权的不匹配造成的财政缺口（卢洪友等，2011）。与此同时，科技创新因为长周期、高风险和不确定的特性是极度依赖这种“融资作用”的。党的十九大报告首次明确指出“创新是引领发展的第一动力，是建设现代化经济体系的战略支撑”。在以创新驱动供给侧结构性改革的大趋势下，科技创新对于经济发展的积极作用也越来越明显，而作为地方政府财政收入的主要来源的土地财政对区域创新造成何种影响，是关系中国能否完成粗放型增长到高质量增长的转型，也是关乎国家命运的重大问题，需要学术界给予足够的关注。

现有文献对于土地财政对区域创新影响有所忽视，而且在影响机制层面也亟需补充和完善。为补充相关文献，本章通过理论分析和实证检验力图回答两个问题：第一，土地财政会对区域创新造成何种影响；第二，土地财政对区域创新的影响机制是什么。与已有文献相比，本章的边际贡献可能有如下三个；第一，与以往文献使用年鉴类数据不同，本章使用中国土地市场网的每一笔地块交易的数据，更加准确；第二，本章分离出了商住用地出让收入构成的“土地财政收入”和工业用地出让收入构成的“以地引资收入”，揭示了是土地财政收入促进了区域创新能力；第三，本章从理论和实证层面研究了土地财政对区域创新影响的机制，一方面，土地财政收入可以放松财政预算约束，补给科教支出，从而促进区域创新，另一方面，土地财政收入可以补偿低价出让工业用地的成本缺口，低价出让更多的工业用地来进行重点产业、高科技产业的招商引资，从而促进区域创新。

---

① 笔者根据中国土地市场网整理而得，其余土地为非经营性用地。

本章剩余部分结构如下：第二节是理论分析与研究假说；第三节是研究设计；第四节是实证结果分析；第五节是结论与建议。

第二节　理论分析与研究假说

研究创新的影响因素的文献，大多集中在企业层面（刘政，2017）和产业层面（李博阳等，2018）。但是创新具有长周期、高风险和不确定等特性（吴延兵，2017），再加之其明显的外部性，政府对创新活动的支持和干预就有合理性和正当性。政府对创新的文献主要关注财政能力对创新的影响（蒋文华等，2017）。而研究作为政府财政收入的重要组成部分的土地出让收入对区域创新影响的文献较少，而且迫于数据所限，研究大多关注土地出让总收入。鲁元平等（2018）认为土地出让总收入会阻碍区域创新能力。但土地出让总收入实际上代表了两种不同的政府行为，其不能准确表述创新的土地影响因素。因为地方政府针对不同用途的土地有完全不同的出让策略，陶然等（2007）认为政府会采取低价出让工业用地、高价出让商住用地的策略。前者构成了我们所说的“土地财政收入”，后者形成“以地引资收入”。而土地出让总收入包含这两种完全不同的出让逻辑，且工业用地的低价甚至零价导致了工业用地的出让收入的微弱性，因而从商住用地出让收入层面来看土地财政对区域创新的影响更有说服性。

那么商住用地出让收入构成的土地财政是通过何种机制来影响到区域创新的呢？现有机制文献主要从“支出偏向”来尝试回答这个问题。支出偏向类文献对土地出让金支出预算管理有所忽视，在土地出让金支出中可能不是“偏向”，因为基建类支出是土地出让金支出的一个项目，其真正起作用的是对土地出让金支出之外的科教支出的补给作用。同时现有机制文献忽视了高价出让商住用地和低价工业用地这一整体性策略，工业用地有吸引高科技企业的任务，而土地财政则会补偿工业用地出让成本。

本章认为商住用地出让收入一方面可以放松财政预算约束，补给科教支出，从而促进区域创新，本章将这种影响称为“补给效应”；另一方面可以补偿低价出让工业用地的成本缺口，低价出让更多的工业用地来进行重点产业、高科技产业的招商引资，从而促进区域创新，本章把这种影响称为“补偿效应”。

“补给效应”是土地财政影响区域创新的重要机制。以往文献认为，土地财政会带来“重基建”的财政支出偏向（郑思齐等，2014）。实际上土地出让金支出科目中存在“城市建设支出”一项[①]，因此，土地财政会造成基建类支出增加是非常正常的，而不是一种偏向，其并不会造成其他支出的减少。但是，土地财政会造成全口径财政收入增加的效应是显而易见的，土地财政巨大规模相当程度上放松了财政预算。党的十九大将创新作为“引领发展的第一动力”，政府将创新放在优先发展的战略地位。创新也是推动经济增长的强劲动力，区域创新能力也会使地方政府在 GDP 锦标赛中处于优势地位。与此同时，中国经济也在经历从粗放型增长到高质量增长的转型阶段，地方政府对创新的作用有着清晰而明确的认识。面对中央政府的大力引导、GDP 锦标赛以及本身意识的转换等三重推动力，地方政府对于创新的作用越来越重视。地方政府在科教支出存在着竞争行为（周亚虹等，2013），因此当预算约束放松时，地方政府会增加科教支出，政府的科教支出对创新有着重要的推进作用。因此，本章提出“土地财政规模扩大 - 放松预算约束 - 补给科教支出 - 创新能力增加”的理论逻辑，即土地财政对创新影响的“补给效应”。

“补偿效应”也是商住用地影响区域创新能力的重要机制。由于我国体制有着明显的政治集权以及经济分权的特征，因此，地方政府面临晋升锦标赛有着明确而强烈的激励开展招商引资竞争。但是，1994 年的分税制改革使得地方政府的税收处置权急剧缩水，在“税收优惠”层面展开招商引资竞争不再有力。随着城镇化的进展，土地资源对经济的重要性不断加剧，再加之，地市县政府占据土地一级市场的绝对垄断地位，低价出让工业用地成为地方政府参与招商引资竞争的重要方式，我们称之为“以地引资”。国家又有明文规定，不得低于成本价出让工业用地，因此需要用商住用地的“土地财政”来补偿低价出让工业用地造成的成本缺口。而且招商引资的企业有很大部分的重点产业和高科技产业（张莉等，2017），这些企业、产业以及相

① 2007 年至今，虽然有多次支出科目调整，但是“城市建设支出”科目并没有发生变动。

应的资本对创新有显著促进作用。因此，本章提出“土地财政规模扩大－补偿低价出让工业用地产生的成本缺口－以地引资竞争占优－区域创新能力提升”的理论链条，即土地财政对创新影响的“补偿效应”

基于以上分析，本章提出如下三个假说：

假说1：土地出让中的商住用地出让收入构成的土地财政促进了区域创新。

假说2：土地财政可以放松财政预算约束，补给科教支出，从而促进区域创新。

假说3：土地财政可以补偿低价出让工业用地的成本缺口，低价出让更多的工业用地来进行重点产业、高科技产业的招商引资，从而促进区域创新。

第三节　研究设计

一、实证模型设定

为了验证土地财政规模对区域创新的影响，我们建立如下计量模型：

$$lninn_{it} = \alpha_0 + \alpha_1 ALFgdp_{it} + \lambda\, control_{it} + \mu_i + \lambda_t + \varepsilon_{it} \quad (7-1)$$

$$lninn_{it} = \alpha_0 + \alpha_2 LFgdp_{it} + \lambda\, control_{it} + \mu_i + \lambda_t + \varepsilon_{it} \quad (7-2)$$

$$lninn_{it} = \alpha_0 + \alpha_3 ILFgdp_{it} + \lambda\, control_{it} + \mu_i + \lambda_t + \varepsilon_{it} \quad (7-3)$$

方程（7－1）为了验证土地财政的总规模对区域创新的影响。方程（7－2）和方程（7－3）为了验证何种性质的土地财政会对对区域创新产生影响。其中，i代表城市，t代表时间。方程（7－1）到方程（7－3）的被解释变量都是区域创新水平（lninn）。

方程（7－1）的核心解释变量为土地出让收入的总规模（ALFgdp），即经营性用地的土地出让总收入占GDP的比重。

方程（7－2）的核心解释变量为商住用地土地财政的规模占GDP的比重（LFgdp），即商业和住宅类用地出让收入占GDP的比重。

方程（7－3）的核心解释变量为工业用地土地财政的规模占GDP的比

重（ILFgdp），即工业用地出让收入占 GDP 的比重。

Control 是相关的控制变量，其中包含经济发展水平、经济开放程度、产业结构、人口密度、行政区面积、人力资本水平、就业人口数量和资本存量。①

为了验证土地财政影响区域创新的影响机制，我们建立如下计量模型：

$$sciedugdp_{it} = \alpha_0 + \alpha_4 LFgdp_{it} + \lambda\ control_{it} + \mu_i + \lambda_t + \varepsilon_{it} \quad (7-4)$$

$$induslandarea_{it} = \alpha_0 + \alpha_5 LFgdp_{it} + \lambda\ control_{it} + \mu_i + \lambda_t + \varepsilon_{it} \quad (7-5)$$

其中，i 代表城市，t 代表时间。两个方程的核心解释变量是土地财政的规模占 GDP 的比重（LFgdp）。

方程（7-4）为了验证土地财政对科教支出的补给作用机制，即土地财政放松预算约束，从而增加科教投入，科教投入可以促进区域创新。核心被解释变量是科学和教育支出占 GDP 的比重。

方程（7-5）为了验证土地财政对低价工业用地的招商引资的成本的补偿作用，即土地财政可以弥补低价出让工业用地来招商引资的成本，而招商引资的重点产业可以促进区域创新。核心被解释变量是出让工业用地的面积占建成区的比重。

二、数据来源

现有文献一般使用年鉴类数据，或是直接用土地出让总收入来研究土地财政，或是用“招拍挂”出让收入代表商住用地出让收入，但国务院 2006 年明文要求“工业用地必须采用招标拍卖挂牌方式出让”②，土地出让总收入和“招拍挂”出让收入中都存在大量的工业用地，这两种方式都无法准确表述土地财政状况。而本章土地数据来源于中国土地市场网，我们获取了 2007 年 1 月 1 日至 2014 年 12 月 31 日公开出让的全部经营性用地（工业用地和商住用地）出让数据总共 95 万余宗，经过去重、筛去信息不完善、前 1% 截尾、清洗等处理之后，加总到城市层面，得到城市的经营性土地出让

① 我们会在变量描述中详细介绍。

② 2006 年，《国务院关于加强土地调控有关问题的通知》。

总收入的数据。

商住用地包含商服用地和住宅用地，样本期间商服用地（批发零售用地、住宿餐饮用地、商务金融用地和其他商服用地，样本期间一共19万余宗）以及住宅用地（包含高档住宅用地、中低价位、中小套型普通住房用地和其他普通商品住房用地，去除了其中的经济适用住房用地、廉租房用地和公共租赁住房用地等具有公益性质的用地，样本期内共48万余宗）一共67万余宗出让，得到城市的商住用地出让的数据。工业用地在样本期间一共有28万余宗出让，加总得到城市的工业用地出让的数据。

创新数据来源于复旦大学《中国城市和产业创新力报告2017》，其余经济数据来源于历年《中国城市统计年鉴》。

三、变量定义

土地出让总收入占比（ALFgdp），即经营性土地出让总收入占GDP的比重。土地财政收入占比（LFgdp），即商住用地出让总收入占GDP的比重。工业用地出让收入占比（ILFgdp），即工业用地出让总收入占比GDP的比重。

区域创新能力（lninn），我们选用复旦大学构建的创新指数来衡量创新能力。许多研究者使用的专利数据来自国家统计年鉴，年鉴数据没有提供专利更新信息，按照专利法，专利更新时间越长，专利价值越高，年鉴数据极大地限制了学术研究的可靠性和精细性。而创新指数数据是其通过国家知识产权局微观发明授权专利的法律状态更新信息，以及不同年龄发明专利的年费结构，区分了不同年龄专利的平均价值，加总不同年龄专利的价值，最后通过专利更新模型来计算创新指数。

科教支出占比（sciedugdp），我们选用科学和教育支出占GDP的占比来表示。工业用地出让面积占比（Ilarea），我们选用工业用地出让面积占建成区面积的比重来表示。

控制变量，本章选取的控制变量，其中包含经济发展水平、经济开放程度、产业结构、人口密度、行政区面积、人力资本水平、就业人口数量和资本存量。经济发展水平（gdpper），用人均GDP来表示；经济开放程度（open），用FDI占固定资产投资的比重来表示；产业结构（GDP1），用第一产业占 GDP 的比重来表示；人口密度（lndensity），用常住人口与建成区面积之比来表示；行政区面积（lnarea）：城市建成区面积；人力资本（就业人数和高等学校在校生数目），就业人数（lnlabour），用就业人数的对数来表示，高等学校在校生数（lnhstudent）用高等学校在校生人数的对数来表示；资本存量（lnk）：本章用通用的“永续盘存法”估算城市的资本存量。对初始资本的估算本章参考徐升艳等（2018）的方法，运用初始年份的投资数据除以 10% 计算。资本年度折旧率 δ 按之前文献做法取 6%，再利用价格平减的投资数据，计算出资本存量。变量描述性统计如表 7.1 所示。

表 7.1　变量解释及描述

变量	含义	样本量	均值	标准差	最小值	最大值
lninn	区域创新能力	2240	0.892	0.953	0	6.162
ALFgdp	土地出让总收入占比	2240	3.541	3.060	0	53.057
LFgdp	商住用地出让总收入占比	2240	3.009	2.898	0	53.057
ILFgdp	工业用地出让收入占比	2240	0.531	0.393	0	4.174
sciedugdp	科教支出占比	2240	3.273	1.733	0.212	16.219
gdpper	人均 GDP	2239	10.260	0.656	8.131	12.207
open	FDI 与固定资产投资之比	1873	0.050	0.050	0	0.342
gdp1	第一产业占 GDP 的比重	2240	13.743	8.421	0	49.890
lndensity	常住人口与建成区面积之比	2240	5.720	0.903	1.573	7.882
lnarea	城市建成区面积	2240	0.126	0.819	-2.196	3.232
lnhstudent	高等学校在校生数	2196	1.126	1.311	-3.912	4.624
lnk	资本存量	2200	7.828	0.931	5.376	10.411
lnlabour	就业人数	2220	4.088	0.772	1.719	6.802

第四节　实证结果分析

一、土地出让收入对创新的影响

表 7.2 为土地出让收入对区域创新影响的回归结果。列（1）和列（2）是方程（7-1）的回归结果，列（1）未加控制变量，列（2）加入了全部控

制变量。列（3）和列（4）是方程（7-2）的回归结果，列（3）未加控制变量，列（4）加入了全部控制变量。列（5）和列（6）是方程（7-3）的回归结果，列（5）未加控制变量，列（6）加入了全部控制变量。以上回归都采用面板固定效应，控制了时间固定效应和城市固定效应。

表 7.2　土地出让收入对区域创新影响的回归结果

	lninn					
	（1）	（2）	（3）	（4）	（5）	（6）
ALFgdp	0.0493*** （0.00386）	0.00649** （0.00303）				
LFgdp			0.0522*** （0.00406）	0.00811** （0.00319）		
ILFgdp					0.113*** （0.0292）	-0.0390* （0.0208）
gdpper		0.0481 （0.0771）		0.0480 （0.0769）		0.0897 （0.0776）
open		-2.806*** （0.277）		-2.807*** （0.277）		-2.778*** （0.277）
gdp1		0.0402*** （0.00454）		0.0403*** （0.00454）		0.0397*** （0.00454）
lndensity		1.939*** （0.256）		1.941*** （0.256）		1.892*** （0.256）
lnarea		1.469*** （0.188）		1.466*** （0.188）		1.441*** （0.189）
lnhstudent		0.0182 （0.0312）		0.0191 （0.0311）		0.0107 （0.0311）
lnk		0.442*** （0.0541）		0.441*** （0.0541）		0.430*** （0.0544）
lnlabour		0.523*** （0.0399）		0.524*** （0.0399）		0.525*** （0.0399）
Constant	0.718*** （0.0160）	-17.02*** （1.520）	0.735*** （0.0148）	-17.03*** （1.519）	0.832*** （0.0178）	-17.03*** （1.520）
City	YES	YES	YES	YES	YES	YES

续表

	lninn					
	(1)	(2)	(3)	(4)	(5)	(6)
Year	YES	YES	YES	YES	YES	YES
Obs	2240	1798	2240	1798	2240	1798
R - squared	0. 077	0. 684	0. 078	0. 685	0. 008	0. 684
citycode	280	270	280	270	280	270

注：括号内为稳健标准误，* 为显著性水平，*** $p<0.01$，** $p<0.05$，* $p<0.1$。

从回归结果来看，经营性土地的出让总收入总体上可以促进区域创新能力，特别是构成土地财政的商住用地出让收入可以显著促进区域创新能力，但是构成以地引资的工业用地出让收入反而会阻碍区域创新能力。具体来说，经营性土地出让总收入每提高 1 个百分点，区域创新能力提升 0. 65%；商住用地出让收入提高 1 个百分点，区域创新能力提高 0. 81%；工业用地出让收入提高 1 个百分点，区域创新能力下降 3. 9%。从回归结果，我们可以得出，只有以“以地生财”为目的且构成土地财政主要部分的商住用地出让收入才可以促进区域创新能力的提升，而为了配合产业政策等的“以地引资”为目的的工业用地出让收入反而会抑制区域创新能力，因为参与引资竞争的工业用地是以低价作为主要竞争手段的。这也说明了研究土地财政影响的时候，区分土地用途的重要性和必要性。我们的假说 1 得到验证。

在控制变量层面，全 6 列的结果基本稳健。(1) 经济发展水平可以显著促进区域创新能力，这是因为只有经济发展水平高才有足够的财力、物力和人力用于科学研究。(2) 第一产业占比会显著阻碍区域创新能力，产业结构的升级会带来新技术的发展从而提高创新能力。(3) 人口密度也会因为其带来的集聚效应从而有利于区域创新。(4) 高等学校在校生数目，也会因为城市人力资本水平的提高而提升了创新能力。(5) 城市的资本存量也可以显著促进创新，这是因为创新具有明显的资本依赖性，资本存量越多，区域创新能力也越强。

二、机制探讨

表 7. 3 为土地出让收入对区域创新影响的“补给效应”回归结果。列 (1)

和列（2）是方程（4）的回归结果，列（1）未加控制变量，列（2）加入了全部控制变量。核心自变量为土地财政（商住用地出让收入）占 GDP 的比重，因变量为科教支出占 GDP 的比重。以上回归都采用面板固定效应，控制了时间固定效应和城市固定效应。

表 7.3　土地财政、放松预算约束与科教支出补给

VARIABLES	(1) sciedugdp	(2) sciedugdp
LFgdp	0.0668 *** (0.00535)	0.0135 ** (0.00523)
gdpper		0.0808 (0.126)
open		−0.0677 (0.454)
gdp1		0.00436 (0.00744)
lndensity		1.709 *** (0.420)
lnarea		1.476 *** (0.309)
lnhstudent		0.0762 (0.0511)
lnk		0.516 *** (0.0887)
lnlabour		−0.00767 (0.0654)
Constant	3.072 *** (0.0195)	−12.02 *** (2.490)
City	YES	YES
Year	YES	YES
Observations	2240	1798
R − squared	0.074	0.403
citycode	280	270

注：括号内为稳健标准误，* 为显著性水平，*** $p<0.01$，** $p<0.05$，* $p<0.1$。

研究表明，土地财政确实对区域创新存在“补给效应”机制。土地财政可以显著促进科教支出。以第2列为例，具体来说，土地财政收入每提高一个百分点，科教支出的比重会提高0.0135个百分点，且在5%的显著性水平下显著，考虑到科教支出占GDP的比重也仅为3.3%，这个促进效用是非常明显的。创新具有很明确的外部性，加大科教支出力度是促进创新的主要手段。土地财政可以放松预算约束，加大对科教支出的扶持力度，对科教支出起到补给作用，而科教支出的增长可以提升区域创新能力。我们的假说2得到证明。

表7.4为土地出让收入对区域创新影响的“补给效应”回归结果。列（1）和列（2）是方程（5）的回归结果，列（1）未加控制变量，列（2）加入了全部控制变量。核心自变量为土地财政（商住用地出让收入）占GDP的比重，因变量为工业用地出让面积占建成区面积的比重。以上回归都采用面板固定效应，控制了时间固定效应和城市固定效应。

表7.4　　　　土地财政、以地引资与工业用地成本补偿

VARIABLES	(1)	(2)
	ilarea	ilarea
LFgdp	0.505*** (0.0395)	0.462*** (0.0466)
gdpper		2.719** (1.061)
gdp1		0.0343 (0.0588)
lndensity		-8.117** (3.472)
lnarea		-12.59*** (2.660)
lnhstudent		-0.706 (0.432)
lnk		-0.532 (0.766)

续表

VARIABLES	(1)	(2)
	ilarea	ilarea
lnlabour		1.028* (0.557)
Constant	3.269*** (0.144)	23.97 (20.47)
City	YES	YES
Year	YES	YES
Observations	2240	2136
R - squared	0.077	0.116
citycode	280	274

注：括号内为稳健标准误，* 为显著性水平，*** $p<0.01$，** $p<0.05$，* $p<0.1$。

研究表明，土地财政确实对区域创新存在“补偿效应”机制。土地财政可以显著促进工业用地。以第 2 列为例，具体来说，土地财政收入每提高一个百分点，工业用地出让面积占建成区面积的比重会提高 0.46 个百分点，且在 1% 的显著性水平下显著，考虑到工业用地出让面积占建成区面积的比重也仅为 4.8%，这个促进效用是非常巨大的。引资竞争是通过低价出让工业用地来实现的，而土地成本约束是阻碍低价出让竞争的主要障碍，土地财政可以补偿工业用地低价出让造成的成本缺口，促进工业用地的出让面积的增加，来进行重点产业、高科技产业的招商引资，从而促进区域创新。我们的假说 3 得到证明。

三、土地财政对创新影响的异质性结果

表 7.5 为土地财政对创新影响的地理异质性回归结果。第 1 列到第 3 列分别为西部、中部和东部地区的回归结果。被解释变量均为区域创新能力，核心解释变量为土地财政收入即商住用地出让收入。三列均采用面板固定效应模型，都控制了城市固定效应和时间固定效应。

表 7.5　　　　　　　　　　地理异质性的回归结果

VARIABLES	（西部地区）	（中部地区）	（东部地区）
	lninn	lninn	lninn
LFgdp	−0.0142 * (0.00747)	−5.55e−05 (0.00619)	0.00765 * (0.00408)
gdpper	0.192 (0.117)	0.0321 (0.0955)	0.0637 (0.158)
open	−0.150 (0.753)	0.361 (0.473)	−2.683 *** (0.364)
gdp1	0.0289 *** (0.00734)	0.00519 (0.00551)	0.0731 *** (0.0106)
lndensity	0.338 (0.454)	1.413 *** (0.327)	4.072 *** (0.504)
lnarea	−0.158 (0.882)	1.481 *** (0.178)	4.784 *** (0.836)
lnhstudent	0.0795 ** (0.0384)	−0.0222 (0.0399)	−0.115 (0.0793)
lnk	0.340 *** (0.0901)	0.404 *** (0.0667)	0.742 *** (0.106)
lnlabour	0.154 ** (0.0688)	0.312 *** (0.0522)	0.502 *** (0.0712)
Constant	−6.606 ** (2.621)	−12.37 *** (2.003)	−32.43 *** (3.014)
City	YES	YES	YES
Year	YES	YES	YES
Observations	469	655	674
R−squared	0.599	0.709	0.807
citycode	77	95	98

注：括号内为稳健标准误，* 为显著性水平，*** $p<0.01$，** $p<0.05$，* $p<0.1$。

研究结果表明，土地财政对区域创新能力的影响有明显的地理异质性。土地财政规模对西部地区的创新能力有明显的抑制作用，而对东部地区有明显的促进作用。具体来说，土地财政规模每提高 1 个百分点，西部地区的区域创新能力下降 1.42%，而东部地区的区域创新能力上升 0.77%。这可能因为西部地区本身财政收入不足，其公共物品投入很大程度依赖于转移支付，当其获得预算外的土地财政收入时，会将其投入到基建类公共物品中，而不是科学教育等软性公共物品。并且，因为西部地区商住用地出让收入低于东部地区，其压低工业用地出让价格的能力不如东部；再加之本身制度环境、产业集聚程度等不如东部，导致其在以地引资的竞争中处于不利地位。因此，土地财政对创新的影响存在地理异质性。

表 7.6 为土地财政对创新影响的城市级别异质性回归结果。第 1 列和第 2 列分别为地级市和省会及计划单列市的回归结果。被解释变量均为区域创新能力，核心解释变量为土地财政收入即商住用地出让收入。两列均采用面板固定效应模型，都控制了城市固定效应和时间固定效应。

表 7.6　　城市行政级别的异质性

VARIABLES	（地级市）	（省会及计划单列市）
	lninn	lninn
LFgdp	0.0127***	0.0127
	(0.00318)	(0.00816)
gdpper	−0.0900	0.363*
	(0.0771)	(0.191)
open	−2.986***	−1.124**
	(0.287)	(0.546)
gdp1	0.0289***	0.0866**
	(0.00438)	(0.0352)
lndensity	0.888***	1.066***
	(0.330)	(0.333)
lnarea	1.125***	0.0969
	(0.210)	(0.368)
lnhstudent	0.0199	−0.0437
	(0.0319)	(0.0636)
lnk	0.494***	0.876***
	(0.0544)	(0.149)
lnlabour	0.445***	0.727***
	(0.0390)	(0.124)

续表

VARIABLES	（地级市）	（省会及计划单列市）
	lninn	lninn
Constant	−9.532*** (1.955)	−19.91*** (2.059)
City	YES	YES
Year	YES	YES
Observations	1583	215
R − squared	0.663	0.914
citycode	239	31

注：括号内为稳健标准误，* 为显著性水平，*** $p<0.01$，** $p<0.05$，* $p<0.1$。

研究结果表明，土地财政对区域创新能力的影响有明显的城市级别异质性。土地财政规模对地级市地区的创新能力有明显的促进作用，而对省会及计划单列市没有显著的作用。具体来说，土地财政规模每提高 1 个百分点，地级市地区的区域创新能力上升 1.27%。这可能是因为省会及计划单列市的行政级别高、本身一般公共预算收入高、财政留存率高、营商环境较好以及获得省级政府的财政支持高等因素共同导致，其创新能力不依赖于土地财政。

表 7.7 为土地财政对创新影响的财政压力异质性回归结果。第 1 列为未加财政压力项的基准回归结果，第 2 列加入了财政压力项，第 3 列加入了财政压力与土地财政的交互项。被解释变量均为区域创新能力，核心解释变量为土地财政收入即商住用地出让收入。两列均采用面板固定效应模型，都控制了城市固定效应和时间固定效应。

表 7.7　　　　考虑财政压力的异质性回归结果

VARIABLES	(1)	(2)	(3)
	lninn	lninn	lninn
LFgdp	0.00811** (0.00319)	0.00705** (0.00319)	0.0101*** (0.00351)
deficit		2.55e−05 (0.000127)	0.000606** (0.000307)
LFgdpdeficit			−4.66e−06** (2.24e−06)

续表

VARIABLES	(1)	(2)	(3)
	lninn	lninn	lninn
gdpper	0. 0480 (0. 0769)	0. 0309 (0. 0759)	0. 0112 (0. 0764)
open	-2. 807 *** (0. 277)	-2. 335 *** (0. 280)	-2. 387 *** (0. 281)
gdp1	0. 0403 *** (0. 00454)	0. 0357 *** (0. 00450)	0. 0355 *** (0. 00450)
lndensity	1. 941 *** (0. 256)	1. 863 *** (0. 256)	1. 860 *** (0. 255)
lnarea	1. 466 *** (0. 188)	1. 503 *** (0. 192)	1. 495 *** (0. 192)
lnhstudent	0. 0191 (0. 0311)	0. 0233 (0. 0305)	0. 0219 (0. 0305)
lnk	0. 441 *** (0. 0541)	0. 446 *** (0. 0538)	0. 428 *** (0. 0544)
lnlabour	0. 524 *** (0. 0399)	0. 495 *** (0. 0395)	0. 495 *** (0. 0395)
Constant	-17. 03 *** (1. 519)	-16. 30 *** (1. 521)	-15. 98 *** (1. 527)
City	YES	YES	YES
Year	YES	YES	YES
Observations	1798	1763	1763
R - squared	0. 685	0. 676	0. 677
citycode	270	268	268

注：括号内为稳健标准误，* 为显著性水平，*** p<0. 01，** p<0. 05，* p<0. 1。

研究结果表明，土地财政对区域创新能力的影响存在财政压力的异质性。财政压力与土地财政的交互项显著为负，表明财政压力会抑制土地财政对区域创新能力的促进效应，即在财政压力较大的地区，土地财政反而会对区域创新不利。这是因为，有大量文献表明土地财政的产生和财政压力相关，在财政压力大的地区，土地财政的主要目的是去缓解财政压力，弥补财政缺口，优先补给对经济增长有明显短期效应的基建类财政支出，并没有去补给对经济增长有长期促进作用的区域创新。

四、内生性和稳健性

研究土地财政与区域创新能力的内在关系时，可能会由于如下的原因出现内生性问题：第一，遗漏变量，例如影响区域创新能力的历史因素和一些隐藏的地方政府行为，这些数据由于种种原因无法获得或者准确估计。第二，测量误差，我们可得的某些数据可能存在严重的测量误差，如前段时间的辽宁经济数据问题。第三，双向因果关系，创新能力强的地区，其公共服务水平和经济发展水平也都较高，因此才可能产生较高的土地财政。为了缓解内生性问题，本章选取土地财政的一阶滞后来作为工具变量，来减小估计偏误，并作为稳健性检验。

表 7.8 为工具变量的回归结果。其中，第 1 列的核心解释变量为土地出让总收入占比，第 2 到第 4 列的核心解释变量都为商住用地出让收入占比。第一列选取土地出让总收入占比的滞后一期作为工具变量，其余三列都选取商住用地出让收入占比滞后一期作为工具变量。第一列和第二列的被解释变量为区域创新占比，第三列的被解释变量为科教支出占比，第四列的被解释变量为工业用地出让面积占比。以上回归都采用面板固定效应，控制了时间固定效应和城市固定效应。从结果来看，土地出让总收入依然促进区域创新，土地财政对区域创新的促进作用更明确也更明显。从机制研究的结果来看，土地财政对区域创新影响的“补充机制”和“补偿机制”依旧存在，即土地财政收入可以显著促进科教支出和工业用地出让面积。从表 7.8 的四列结果来看，本章的结论非常稳健。

表 7.8　　　　基于工具变量的回归结果

VARIABLES	(1)	(2)	(3)	(4)
	lninn	lninn	sciedugdp	Ilarea
ALFgdp	0.0759*** (0.0238)			
LFgdp		0.0880*** (0.0274)	0.0803* (0.0424)	1.331*** (0.338)

续表

VARIABLES	(1)	(2)	(3)	(4)
	lninn	lninn	sciedugdp	llarea
gdpper	-0.0319 (0.121)	-0.000588 (0.118)	0.341 * (0.183)	2.612 * (1.455)
open	-2.336 *** (0.367)	-2.306 *** (0.375)	0.324 (0.581)	-1.634 (4.625)
gdp1	0.0466 *** (0.00717)	0.0482 *** (0.00752)	0.0273 ** (0.0116)	0.179 * (0.0928)
lndensity	1.785 *** (0.321)	1.787 *** (0.327)	1.599 *** (0.507)	0.447 (4.036)
lnarea	1.329 *** (0.228)	1.293 *** (0.234)	1.468 *** (0.363)	-11.09 *** (2.890)
lnhstudent	0.0497 (0.0387)	0.0488 (0.0394)	0.0196 (0.0610)	-0.652 (0.486)
lnk	0.476 *** (0.0691)	0.446 *** (0.0699)	0.326 *** (0.108)	-1.415 (0.863)
lnlabour	0.441 *** (0.0493)	0.445 *** (0.0504)	-0.0113 (0.0781)	0.591 (0.622)
City	YES	YES	YES	YES
Year	YES	YES	YES	YES
Observations	1538	1538	1538	1538
R - squared	0.549	0.530	0.283	0.242
citycode	265	265	265	265

注：括号内为稳健标准误，* 为显著性水平，*** $p<0.01$，** $p<0.05$，* $p<0.1$。

第五节　结论与建议

本章首次利用中国土地市场网公示的 2007 ~ 2014 年每一笔土地交易信息，构建地级市商住用地和工业用地出让数据，考察了“土地财政”对区域创新的影响和作用机制。研究发现：第一，构成土地财政的商住用地出让收入可以显著促进区域创新能力；第二，土地财政对创新的影响存在“补给效应”机制，土地财政可以放松财政预算约束，补给科教支出，从而促进区域创新；第三，土地财政对创新的影响存在“补偿效应”机制，土地财政可以补偿低价出让工业用地的成本缺口，低价出让更多的工业用地来进行重点产业、高科技产业的招商引资，从而促进区域创新；第四，土地财政对城市创新能力的影响在区位、城市级别和财政压力等方面存在显著的异质性；第五，在使用了工具变量之后，我们的结论依旧稳健。

虽然本章的结论证明了土地财政对区域创新存在的积极作用，但是考虑到土地财政收入属于预算外收入且不具有可持续性，土地财政的模式依旧需要弱化。针对本结论，本章提出如下两点建议：第一，土地财政虽然促进了区域创新，但是其不具有可持续性，应当积极构建地方主体税种，如房产税等，为地方财力提供充分保障，确保科教支出的增长；第二，土地财政收入应当纳入全口径预算管理，对于高科技企业，地方政府应当提供公开、透明、预算内的财政补贴，而不是隐蔽的、模糊的、预算外的土地形式的补贴，这样才能促进企业和政府积极有效的技术进步。

| 第八章 |

拓展性分析：财政压力与土地出让

面临“营改增”改革带来的“增支减收”效应，游离于预算外的规模巨大的土地财政成为地方政府主要的应对策略。首次利用商住用地出让信息建立县级土地财政面板数据，采用“PSM－DID”的方法考察了“营改增”改革对县级土地财政的影响与作用机制。研究发现：首先，“营改增”改革显著刺激了县级土地财政规模的扩张，这一结论在多种稳健性检验之下依旧成立；其次，“营改增”改革对土地财政收入的影响存在区域异质性，东部地区的正向影响尤为明显；最后，财政压力是“营改增”促进土地财政规模扩张的重要作用机制。①

第一节　引　　言

20世纪90年代起，国有土地使用权出让收入逐步成为我国财政收入，尤其是地方财政收入的重要来源。2017年国有土地使用权出让收入52059亿元，同比增长40.7%，国有土地使用权出让收入与当年地方一般公共预算收入比例为0.57∶1，创历史新高。土地财政也因其巨大的体量，被学者们称为“第二财政”，其也成为中国财政体制中最值得关注的问题。虽然土地财

① 本章原刊于“杨寓涵，张充．‘营改增’对县级土地财政收入影响研究［J］．华东经济管理，2019，33（06）：91－98”。

政在推动中国城市建设上起着巨大的积极影响（叶林等，2012），但其负面影响也不容忽视，如加剧了经济波动（赵扶阳等，2017），推升了房价（刁伟涛，2015），扭曲了公共物品的供给结构（左翔和殷醒民，2014）等，并且土地出让收入是一次性收入，不具有可持续性。

与此同时，2012 年开始的“营改增”改革也是近年来我国财政体制改革中最重要的一环，营业税是地方政府的第一税种，增值税更是占到总税收收入的三分之一，其影响是巨大而广泛的。现有文献研究集中在“营改增”对税收收入的影响（田志伟和胡怡建，2014），对企业行为的影响（乔睿蕾和陈良华，2016），对行业税负的影响（周振和张充，2016）等。

面临“营改增”改革，因为税收的固定性，游离于预算外的土地财政成为地方政府主要的应对策略。但是现有文献对“营改增”对土地财政的影响有所忽视，仅有王健等（2012）认为“营改增”确实会助推土地出让总收入。但是土地出让总收入混合了商住用地出让和工业用地出让，而地方政府针对不同用途的土地有完全不同的出让策略，陶然等（2007）认为政府会采取低价出让工业用地、高价出让商住用地的策略。2017 年，工业用地出让面积占土地出让总面积的 48%，但其出让金额仅占 4%；商住用地出让面积占 48%，但其出让金额占了 95%。前者构成了“以地引资”，后者才构成了我们所说的“土地财政”。现有文献或是直接用土地出让总收入代表商住用地出让收入，或是用“招拍挂”出让收入代表商住用地出让收入，但国务院 2006 年明文要求“工业用地必须采用招标拍卖挂牌方式出让”，土地出让总收入和“招拍挂”出让收入中都存在大量的工业用地，这两种方式都无法准确表述土地财政状况。因而，现有研究实际上没有对“营改增”影响土地财政的准确经验证据。

现有文献研究土地财政主要集中在省级和市级层面，但是，在国有土地使用权出让制度的实际运营中，县市级地方政府所处的地位是十分特殊的。2004 年《土地管理法》将土地征用权限、土地改变用途的认定权限、使用权的审批权限均赋予在县级政府，而 1990 年《城镇国有土地使用权出让和转让暂行规定》将土地使用权的出让、转让、出租、抵押、终止的监督检查权利也赋予了县级政府。可见，作为管理机构，县级政府在土地使用出让制度运行中处于关键地位。

对比以往文献，本章的贡献有：第一，本章并没使用传统的《中国国土资源年鉴》数据，而是在中国土地市场网上获得了每一笔商住用地的出让信息，首次精确刻画了县级土地财政状况；第二，扩充了"营改增"影响的文献，将土地财政规模也纳入了"营改增"的影响范畴，本章也是首次将"营改增"影响的实证检验扩充到了县级层面；第三，本章从理论推导和实证结果上，都验证了"'营改增'导致财政压力增大，从而引起土地财政规模扩大"这一研究思路。

本章剩余部分结构如下：第二部分是理论分析与研究假设；第三部分是研究设计；第四部分是实证结果；第五部分是结论与启示。

第二节 理论分析与研究假设

"营改增"作为我国结构性减税中最重要的举措（胡怡建和田志伟，2014），存在很明显的财政减收效应，再加之其带来的财政增支效应，"营改增"可以刺激财政压力的增加。

"营改增"具有减少地方财政收入的效应。第一，减少重复征税。"营改增"改革完善了抵扣链条，服务业的进项增值税允许在销项增值税中抵扣，从而减少了重复征税。第二，针对小规模企业的税率降低。"营改增"之后，小规模企业的税率由5%下降到3%，且对应税销售额2万元以下的企业或个人免征增值税。第三，针对现代服务业，增值税增加了低档税率。针对现代服务业新增的11%和6%的两档低税率，可以进一步减轻增值税负担。第四，征管难度增加，税收存在流失风险。"营改增"导致主体税与附加税在征管方面的脱节，增加了税务部门的征管难度，容易造成税收收入的流失。第五，税收归属效应。营业税一直是地方第一大税种，且为地方独享税，而增值税为央地共享税，且中央占75%（2016年调整至50%），地方第一大税由独享变为共享，地方税收收入严重缺损。因此，"营改增"改革有明显的财政减收效应。

"营改增"可以带来相应财政增支的效应。第一，"营改增"属于结构性减税的一部分，但其也客观造成了部分行业企业税负的增加，为了缓解企业的压力，试点地区设立了财政专项基金用以补贴这些税负增加的企业，这无疑增加了财政支出。第二，地方政府的其他支出责任并未改变，其他的财政支出并未有明显减少。分税制改革之后，我国政府一直存在财权和事权不匹配的问题。“营改增”改革又收回了地方政府的一部分财权，但又缺乏配套的财政体制改革，地方政府的支出责任未发生明显改变，其他的财政支出没有发生明显减少。因此，“营改增”改革有明显的财政增收效应。

财政压力一般指财政收支的缺口，“营改增”改革同时造成了财政减收和增支，因此其可以刺激财政压力的增加。

地方政府有迫切的意愿来缓解财政压力，土地财政是其中最重要的工具。

地方政府倾向选择土地财政来缓解财政压力，有四个方面的原因：第一，国有土地使用权出让收入全部划归地方固定收入，不需要与中央共享，地方政府获得率高。第二，国有土地使用权出让收入隶属于政府性基金，属于预算外收入，根据上海财经大学 2017 年的估计（邓淑莲等，2017），目前只公开了政府性基金预算调查栏目中不到 48% 的信息，其分项财政透明度得分也仅为 47.9 分，其透明度较低，面临的监管和规制较少，地方政府操作方便而隐蔽。第三，国有土地使用权出让收入规模庞大，2017 年土地出让收入占地方一般公共预算收入的比重为 57%，地方政府获利巨大，可以充分缓解财政压力。第四，“以地生财”和“以财养地”互相促进。“以地生财”即以土地出让的形式获得财政收入，“以财养地”即把财政收入投入基础设施建设中，提高土地溢价，以期之后获得更高的土地出让收入，“以地生财”和“以财养地”相互依赖、相互促进，因此地方政府更有激励出让土地获得高额土地出让金。因此，地方政府倾向选择土地财政来缓解财政压力。

综合上述的理论分析，本章提出了“营改增”对土地财政影响的内在逻辑：“营改增”改革有财政减收效应和财政增支效应，从而造成了财政压力，面临财政压力，地方政府会通过土地财政的形式来缓解财政压力。因此，本章提出两个假说：

假说 1：“营改增”改革刺激了土地财政规模的增加。

假说 2：“营改增”改革通过增大财政压力而刺激地方政府增大土地财政规模。

第三节　研究设计

一、方法选择

“营改增”对土地财政的效应主要有两方面：一方面是随时间或者整体经济形势而自然变动的“时间效应”；另一方面是随着“营改增”而引起的“政策处理效应”。因此，接下来的关键是如何将“时间效应”分离出来，从而研究单纯的“政策处理效应”。在政策评估中，学者普遍采用双重差分法（Differences and Differences，DID）来研究政策的实施效果，因为其可以有效地分离“时间效应”和“政策处理效果”。即以“营改增”试点地区作为处理组，非试点地区作为对照组，来研究政策处理前后对照组和处理组的差异来确定“政策处理效果”。与此同时，双重差分法也有严格的前提假设，比如其需满足平行趋势假定。结合本章研究的问题，双重差分法需满足平行趋势假定，即如果不发生“营改增”，我们的处理组和实验组的土地财政变动趋势不存在系统性的差异。显然，无论从理论和现实来看，这一假定并不能得到满足。然而，Heckman（1998）提出的PSM方法，可以有效解决这一问题。倾向得分匹配法（Propensity Score Matching，PSM），即根据一定的条件，在原对照组里面选取与处理组最相似的样本作为新的对照组，这样可以解决样本选择偏差，从而满足DID的平行趋势假定。PSM虽然可以解决“平行趋势”问题，但本身无法分离“时间效应”和“政策处理效应”；DID可以分离“时间效应”和“政策处理效应”，但又必须满足平行趋势假定。因此，本章采取PSM和DID相结合的方式，来评估“营改增”对土地财政的影响。

二、模型设定

1. 双重差分法（Differences and Differences，DID）

本章借鉴王健等（2012）的方法，选用“营改增”试点的县域为处理组，非试点县域为对照组，建立 DID 基础回归模型：

$$y_{it} = \beta_0 + \beta_1 btv_{it} + \beta_2 dt_{it} + \beta_3 btv_{it} \times dt_{it} + \beta_4 controul_{it} + \lambda_i + \mu_i + \epsilon_{it} \quad (8-1)$$

其中，i 代表样本个体即县级地区，t 代表时间。Y 是县级地区土地财政收入。btv 为“营改增”的处理组和对照组虚拟变量，实行“营改增”试点的地区取值为 1，非试点地区取值为 0；dt 为“营改增”改革发生前后的时间虚拟变量，“营改增”改革发生后取值为 1，发生前取值为 0；controul 是相关控制变量；λ_i为时间固定效应，μ_i为地区固定效应，ϵ_{it}为残差项。

本章的核心估计量是$btv_{it} \times dt_{it}$的系数β_3，其代表“营改增”对土地财政影响的“政策处理效应”。

2. 倾向得分匹配法（Propensity Score Matching，PSM）

中国县级地区的发展情况千差万别，我们非常有必要选取与处理组接近的对照组来避免选择性偏误，因此我们选择了 PSM 的方法来匹配对照组。首先，我们需要计算倾向得分（pscore）。运用 logit 回归模型，因变量为虚拟变量，处理组取值为 1，对照组取值 0，自变量为影响因变量概率的因素。据此计算每个样本称为处理组的概率，即倾向得分值（pscore）。最后，根据处理组的倾向得分在匹配组中选取与其接近的样本作为对照组，我们参考刘瑞明和赵仁杰（2015）对地区类变量匹配的办法采取核匹配的方式进行 PSM 匹配，后续我们也进行了近邻匹配的稳健性检验。

$$p_i(X) = Pr(btv_{it} = 1 \mid X_i) = F[h(X_i)] \quad (8-2)$$

其中，btv 为是否为“营改增”试点县级区域的虚拟变量，F(·) 为 logistic 函数。X 为相关协变量，在这里，主要有两类协变量：第一，考虑到“营改增”试点主要是针对不同产业进行的，地区的产业结构也就影响了该地区是否能够称为“营改增”试点地区，因此我们主要选取产业结构变量作为协变量；第二，“营改增”改革主要也是针对生产性服务业，涉及人口层面，因此我们也选取人口数量作为协变量。

3. PSM – DID

我们结合 PSM 和 DID 来规避样本选择偏误，验证“营改增”对土地财政影响的“政策处理效应”。第一步，我们运用 PSM 的方法筛选出处理组和对照组；第二步，我们运用已经筛选的样本建立 DID 模型来估计政策处理效应。

$$\ln LF_{it}^{psm} = \beta_0 + \beta_1 btv_{it} + \beta_2 dt_{it} + \beta_3 btv_{it} \times dt_{it} + \beta_4 X_i + \lambda_i + \mu_i + \epsilon_{it} \quad (8-3)$$

其中，lnLF 为县级地区的土地财政收入，X 为既影响到土地财政收入也影响到县级地区是否被选择为“营改增”试点地区的控制变量。

4. 机制研究

机制研究分为两个步骤：第一，验证“营改增”对财政压力的影响；第二，验证财政压力对土地财政收入的影响。因此，我们建立如下回归模型：

$$deficit_{it}^{psm} = \beta_0 + \beta_1 btv_{it} + \beta_2 dt_{it} + \beta_3 btv_{it} \times dt_{it} + \beta_4 X_i + \lambda_i + \mu_i + \epsilon_{it} \quad (8-4)$$

$$\ln LF_{it}^{psm} = \beta_0 + \beta_5 deficit_{it} + \beta_4 X_i + \lambda_i + \mu_i + \epsilon_{it} \quad (8-5)$$

其中，deficit 表示财政压力，方程（8－4）是为了验证“营改增”对财政压力的影响，方程（8－5）是为了验证财政压力对土地财政收入的影响。

三、样本选取、数据来源和变量定义

1. 样本选取

2012 年 1 月 1 日，上海率先实施“营改增”试点改革，从 2012 年 9 月 1 日至 12 月 31 日，“营改增”改革试点区域扩大到 8 个省市（北京市、天津市、浙江省、江苏省、福建省、广东省、安徽省、湖北省）。考虑到直辖市的特殊性，我们将直辖市排除，我们的处理组为浙江省、江苏省、福建省、广东省、安徽省和湖北省的县级地区，对照组为非直辖市的其他省份的县级地区。并且，“营改增”改革试点大多发生在 2012 年的下半年，考虑到政策的滞后性（陈钊和王旸，2016），我们将改革年份设定在 2013 年。因此，我们研究的时间范围为 2007～2016 年，处理组是进行“营改增”改革的 6 个省份，改革开始的时间设定为 2013 年。

2. 数据来源

土地财政数据来源于中国土地市场网（http：//www. landchina. com），我们获取了样本期间公开出让的全部商服用地（批发零售用地、住宿餐饮用地、商务金融用地和其他商服用地，样本期间一共 19 万余宗）以及住宅用地（包含高档住宅用地、中低价位、中小套型普通住房用地和其他普通商品住房用地，去除了其中的经济适用住房用地、廉租房用地和公共租赁住房用地等具有公益性质的用地，样本期内共48 万余宗）一共 67 万余宗出让，经过去重、筛去信息不完善、前 1% 截尾、清洗等处理之后，加总到县级层面，得到县级地区的商住用地土地出让收入的数据库。

其余县级层面的数据均来源于历年《中国城市统计年鉴》和《中国县域统计年鉴》。

3. 变量定义

土地财政收入（lnLF）：本章的被解释变量，即县级区域全部商服用地和住宅用地土地出让的总收入的对数。

"营改增"试点地区虚拟变量（btv）："营改增"试点区域的虚拟变量，"营改增"试点区域取值为 1，非"营改增"试点区域取值为 0。改革前后虚拟变量（dt）："营改增"改革发生前后的虚拟变量，如果时间在 2013 年及之后则取值 1，2013 年之前取值为 0。

政策处理效应（btvdt）：本章的核心解释变量，"营改增"试点地区虚拟变量（btv）与改革前后虚拟变量（dt）的交互项，用来检测"营改增"的政策处理效应。

财政压力（deficit）：本章的机制变量，预算内的财政缺口，预算内财收入与财政支出的差额。

本章的协变量包括第一产业占比（GDP1，第一产业产值占 GDP 的比重）、第二产业占比（GDP2，第二产业占比 GDP 的比重）和人口数量（population，常驻人口数量）。

第四节　实证研究

一、PSM 匹配结果分析

表 8.1 的 logit 回归结果表明，产业结构和人口数量都可以显著影响该地

区成为“营改增”试点区的概率。具体来说，第一产业占比和第二产业占比可以显著降低称为“营改增”试点的概率，而且第一产业占比的影响效应大于第二产业的影响效应，这可能和“营改增”扩围试点的“1+6”行业主要集中在现代服务业有关，而且，营业税也主要是第三产业所缴纳。人口数量可以显著提高该地区进行“营改增”试点改革的概率，这是因为“营改增”试点行业可以容纳大量就业，并且现代服务业的发展也需要一定的人口。

表 8.1　　影响“营改增”试点地区选择因素的 Logit 回归结果

VARIABLES	Logit 模型
	bvt
gdp1	-0.0555*** (0.00316)
gdp2	-0.0269*** (0.00234)
population	0.00198*** (0.000006)
Constant	-0.0933 (0.161)
Observations	13194

注：括号内为稳健标准误，* 为显著性水平，*** $p<0.01$，** $p<0.05$，* $p<0.1$。

表 8.2 报告了平衡性检验的结果。我们采用核匹配的方法，将处理组和对照组进行匹配。根据刘建民等（2017）的研究，当匹配后偏差的绝对值小于 10%，则匹配结果较好，且匹配后偏差的绝对值越小，则匹配效果越好；匹配后的 T-test 不显著，则说明协变量在处理组和对照组中是均衡分布的，其匹配效果较好。我们的匹配结果显示，匹配后变量的偏离度的绝对值都在 5% 以下，且相对于匹配前其偏离度有很大程度的降低，表明我们的匹配效果较好；匹配后协变量的 T-test 均不显著，且 p 值均大于 25%，说明匹配后协变量在处理组和对照组中均衡分布。

表 8.2　　　　变量匹配及平衡性检验

变量名称	匹配阶段	平均值		偏离度测算		T 检验	
		处理组	对照组	偏离度	偏离度降低程度	t 值	p 值
gdp1	匹配前	19.648	23.246	-30.5	91.1	-12.69	0
	匹配后	19.687	20.008	-2.7		-1.04	0.299
gdp2	匹配前	45.929	44.532	9.1	82.7	3.61	0
	匹配后	45.88	46.121	-1.6		-0.61	0.542
population	匹配前	692.12	448.24	67.9	99	32.21	0
	匹配后	686.62	684.22	0.7		0.2	0.841

二、PSM - DID 回归结果的分析

表 8.3 为基于 PSM - DID 模型的“营改增”对土地财政收入影响的回归结果，其验证了方程（8 - 3）。第 1 列为混合 OLS 的回归结果，第 2 列到第 4 列为双向固定效应的回归结果，均处理了时间固定效应，第 2 列的地区固定效应是省级层面，第 3 列为市级层面，第 4 列为县级层面。因变量为土地财政收入，核心解释变量为“营改增”改革（btv）与改革前后（dt）的交叉项（btvdt），即“营改增”改革对财政收入的“政策处理效应”。

表 8.3 的结果显示：随着不同层级的固定效应的加入，政策处理效应的显著性逐渐显现，当使用市级固定效应和县级固定之后，政策处理效果分别在 10% 和 1% 的水平下显著，且影响的程度也逐渐增大，拟合度也在提升，即“营改增”改革可以显著促进土地财政收入的增加。考虑到混合 OLS 和省级固定效应掩盖了市级和县级层面的种种差异，我们认为市级固定效应和县级固定效应更能有效验证我们的推导，即我们的假说 1 得到证明。具体来说，以第 4 列为例，“营改增”的政策处理效果是让试点地区的土地财政收入增加 21.6%，非常显著地刺激了试点地区土地财政收入的增加。实际上，2016 年开始全面“营改增”改革，为了样本的准确性，我们剔除了 2015 年和 2016 年的样本。我们来看控制变量层面，首先，“营改增”试点地区变量（btv）对土地财政收入的影响不显著，说明试点地区本身和非试点地区的土地财政收入没有明显区别。改革发生前后的虚拟变量（dt）对土地财政收入

有显著的刺激效果，这说明2013年之后土地财政收入呈现非常明显的上升趋势。人口数量（population）对土地财政收入有显著的正向影响，这是因为人口越多，商住用地需求越多，土地财政收入也水涨船高。

表8.3 基于PSM-DID模型的“营改增”对土地财政收入影响的回归结果

VARIABLES	(1)	(2)	(3)	(4)
	混合 OLS	省级固定效应	城市固定效应	县级固定效应
btvdt	0.0707 (0.108)	0.148 (0.0942)	0.165 * (0.0867)	0.216 *** (0.0757)
btv	0.644 *** (0.0481)	-0.839 *** (0.0976)	-1.864 *** (0.400)	-0.946 (0.756)
dt	1.268 *** (0.0498)	2.255 *** (0.0999)	2.150 *** (0.0927)	2.098 *** (0.0835)
gdp1	-0.0403 *** (0.00189)	-0.0324 *** (0.00180)	-0.0300 *** (0.00187)	-0.00209 (0.00318)
gdp2	0.00383 *** (0.00138)	0.00155 (0.00125)	0.000871 (0.00126)	0.000510 (0.00171)
population	0.00229 *** (0.0000051)	0.00181 *** (0.0000052)	0.00181 *** (0.0000067)	0.000718 * (0.000410)
Constant	7.939 *** (0.101)	7.503 *** (0.113)	6.946 *** (0.176)	7.623 *** (0.655)
省级固定效应	NO	YES	NO	NO
城市固定效应	NO	NO	YES	NO
县级固定效应	NO	NO	NO	YES
时间固定效应	NO	YES	YES	YES
Observations	11762	11762	11762	11772
R-squared	0.311	0.487	0.578	0.724

注：括号内为稳健标准误，* 为显著性水平，*** $p<0.01$，** $p<0.05$，* $p<0.1$。

三、预期效应检验

表8.4为预期效应检验的结果。因变量都为土地财政收入，核心自变量为提前一期的“营改增”政策处理效果，即 $btv_{it-1} \times dt_{it-1}$，用于检验预期效

应。第 1 列为混合 OLS 的结果，第 2 至 4 列都为双向固定效应，均处理了时间固定效应，第 2 列的地区固定效应是省级层面，第 3 列为市级层面，第 4 列为县级层面。

表 8.4　　　　预期效应检验的回归结果

VARIABLES	(1)	(2)	(3)	(4)
	混合 OLS	省级固定效应	城市固定效应	县级固定效应
l1btvl1dt	-0.280 (0.213)	-0.0476 (0.181)	0.0280 (0.167)	0.119 (0.150)
l1btv	0.736*** (0.0478)	-0.775*** (0.101)	-1.325*** (0.458)	-0.707 (0.875)
l1dt	1.000*** (0.119)	2.143*** (0.108)	2.037*** (0.0995)	1.959*** (0.0891)
gdp1	-0.0419*** (0.00219)	-0.0344*** (0.00205)	-0.0322*** (0.00215)	-0.00226 (0.00383)
gdp2	0.00133 (0.00160)	-0.000954 (0.00143)	-0.00200 (0.00146)	0.000434 (0.00218)
population	0.00219*** (0.0000055)	0.00174*** (0.0000054)	0.00168*** (7.03e-05)	0.000811** (0.000412)
Constant	8.537*** (0.117)	7.863*** (0.126)	7.483*** (0.191)	7.406*** (0.765)
省级固定效应	NO	YES	NO	NO
城市固定效应	NO	NO	YES	NO
县级固定效应	NO	NO	NO	YES
时间固定效应	NO	YES	YES	YES
Observations	9481	9481	9481	9481
R-squared	0.277	0.484	0.585	0.743

注：括号内为稳健标准误，* 为显著性水平，*** $p<0.01$，** $p<0.05$，* $p<0.1$。

地方政府可能会预期到“营改增”改革的试点，因此作出提前增加土地财政收入的行为，这导致估计的内生性，从而使我们的政策效果估计失去有效性。因此我们需要假设“营改增”前一年，即“营改增”改革发生在 2012 年，地方政府的土地财政收入有无明显变化，来判断是否存在预期效应。结果显示，$btv_{it-1} \times dt_{it-1}$在第1至4列中都不显著，这说明了地方政府对“营改增”的效果没有形成准确的预期，这避免了我们估计政策效果时的内生性。

四、反事实检验

DID模型有效性的一个重要前提就是处理组和对照组的可比性，即如果不存在“营改增”改革，处理组和对照组的土地财政收入的差异不随时间的改变而改变。因此，我们借鉴董艳梅和朱英明（2016）的研究，采用反事实的方法对这一前提进行检验。我们假设“营改增”改革发生在2011年，来进行同基准回归一样的检验。回归结果展示在表8.5，第1列为混合OLS的回归结果，第2至4列为双向固定效应的回归结果，均处理了时间固定效应，第2列的地区固定效应是省级层面，第3列为市级层面，第4列为县级层面。因变量为土地财政收入，核心解释变量为“营改增”改革（btv）与假象改革前后（dt2011）的交叉项（btvdt2011），即假想的“营改增”改革对财政收入的“政策处理效应”。根据表8.5的回归结果，从列1至4，假象的“营改增”改革政策处理效果系数都不显著，这说明了我们的基准回归结果并不是随时间而变化的自然变动，其通过了反事实检验，我们的处理组和对照组具有可比性，DID的方法具有有效性。

表8.5　　反事实检验的结果

VARIABLES	(1)	(2)	(3)	(4)
	混合OLS	省级固定效应	市级固定效应	县级固定效应
btvdt2011	0.151 (0.0971)	0.0848 (0.0873)	0.124 (0.0802)	0.0998 (0.0700)
btv	0.567*** (0.0587)	-0.792*** (0.114)	-2.357*** (0.463)	-1.052 (0.896)
dt2011	1.104*** (0.0443)	1.779*** (0.0606)	1.783*** (0.0559)	2.011*** (0.0547)
gdp1	-0.0376*** (0.00217)	-0.0340*** (0.00212)	-0.0308*** (0.00221)	0.00169 (0.00409)

续表

VARIABLES	(1)	(2)	(3)	(4)
	混合 OLS	省级固定效应	市级固定效应	县级固定效应
gdp2	0.00350** (0.00162)	0.00132 (0.00152)	0.00136 (0.00155)	-0.000741 (0.00242)
population	0.00234*** (0.0000057)	0.00184*** (0.000006)	0.00185*** (0.0000077)	-0.000521 (0.000506)
Constant	7.508*** (0.118)	7.508*** (0.133)	6.929*** (0.206)	8.653*** (0.771)
省级固定效应	NO	YES	NO	NO
城市固定效应	NO	NO	YES	NO
县级固定效应	NO	NO	NO	YES
时间固定效应	NO	YES	YES	YES
Observations	9693	9693	9693	9693
R-squared	0.304	0.442	0.545	0.713

注：括号内为稳健标准误，* 为显著性水平，*** $p<0.01$，** $p<0.05$，* $p<0.1$。

五、异质性研究

表 8.6 为“营改增”对土地财政收入影响的区域异质性评价结果。“营改增”试点地区都在东部和中部，而且东部和中部的土地出让收入的差距很大。为了研究“营改增”对土地财政收入影响的区域异质性，我们分地区对“营改增”的效果进行了检验和比较。因变量都为土地财政收入，核心自变量为“营改增”的政策处理效果。列 1 为中部地区的回归结果，列 2 为东部地区的回归结果，均采用双向固定效应模型。结果显示，“营改增”改革对土地财政收入的影响在地区间存在很大差异。“营改增”改革对中部地区的土地财政收入没有显著的影响，但是对东部地区的土地财政收入有非常显著的正向刺激作用，这也说明“营改增”改革拉大了东部地区和中部地区的土地财政收入之间的差距。

表 8.6　“营改增”对土地财政收入影响的区域异质性评价结果

VARIABLES	(1)	(2)
	中部	东部
btvdt	0.120 (0.116)	0.274 ** (0.128)
btv	-0.153 (0.633)	-1.036 (1.014)
dt	1.875 *** (0.141)	2.300 *** (0.168)
gdp1	-0.00537 (0.00552)	-0.00576 (0.00646)
gdp2	0.00165 (0.00271)	0.00238 (0.00541)
population	-0.000368 (0.000452)	0.00106 (0.00147)
Constant	6.551 *** (0.518)	7.108 *** (1.307)
县级固定效应	YES	YES
时间固定效应	YES	YES
Observations	3157	2948
R - squared	0.697	0.670

注：括号内为稳健标准误，* 为显著性水平，*** $p<0.01$，** $p<0.05$，* $p<0.1$。

六、机制研究

表 8.7 是“营改增”对土地财政收入影响的机制研究回归结果。第 1 列是“营改增”对财政压力影响的回归结果，第 2 列是财政压力对土地财政收入影响的回归结果，两列都采用双向固定效应模型。第 1 列验证回归方程（4），从结果来看，btvdt 的系数在 1% 的水平下显著为正，即“营改增”改革对财政压力有非常显著的正向刺激作用，“营改增”改革明显提升了试

点地区的财政压力。与此同时，btv 和 dt 的系数也显著为正，说明了试点地区本身财政压力也较大，且所有地区在观察期内财政压力都在逐渐增加。第 3 列验证回归方程（5），从结果来看，财政压力的系数在 1% 的水平下显著为正，即财政压力对土地财政收入有明显的刺激作用，财政压力会推动地方土地财政收入的增加。结合列 1 和列 2 的结果，我们验证了"'营改增'改革—财政压力增加—土地财政收入增加"这一机制。

表 8.7　"营改增"对土地财政收入影响的机制研究回归结果

VARIABLES	(1) 财政压力	(1) 土地财政收入
btvdt	39.76 ** (17.76)	
btv	663.0 *** (176.8)	
dt	1007 *** (19.54)	
deficit		0.00142 *** (0.0000032)
gdp1	-6.419 *** (0.743)	-0.03407 *** (0.00340)
gdp2	1.208 *** (0.401)	0.0107 *** (0.00187)
population	0.570 *** (0.0962)	0.00130 *** (0.000444)
Constant	-146.0 (153.4)	7.019 *** (0.251)
县级固定效应	YES	YES
时间固定效应	YES	YES
Observations	11758	11758
R - squared	0.826	0.245

注：括号内为稳健标准误，* 为显著性水平，*** $p<0.01$，** $p<0.05$，* $p<0.1$。

七、稳健性检验

表 8.8 为更换时间窗口的稳健性检验结果。因变量为土地财政收入，核心自变量是“营改增”的政策处理效应，我们采用了双向固定效应。我们选取 2008～2013 年的数据作为稳健性检验。研究发现，在观察期内，“营改增”的政策处理效应在 10% 的水平下显著为正，即“营改增”改革可以显著增加土地财政收入，我们的结果稳健。

表 8.8　　更换时间窗口的稳健性检验结果

VARIABLES	土地财政收入
btvdt	0.141* (0.0734)
btv	-0.984* (0.550)
dt	2.281*** (0.0512)
gdp1	-0.00387 (0.00376)
gdp2	0.00167 (0.00163)
population	0.000735* (0.000378)
Constant	7.456*** (0.326)
县级固定效应	YES
时间固定效应	YES
Observations	9867
R-squared	0.738

注：括号内为稳健标准误，* 为显著性水平，*** p<0.01，** p<0.05，* p<0.1。

表 8.9 为更换匹配方法的稳健性检验结果，我们使用 1∶1 近邻匹配的方法进行 PSM-DID 检验。第 1 列为混合 OLS 的回归结果，第 2 至 4 列为双向

固定效应的回归结果，均处理了时间固定效应，第 2 列的地区固定效应是省级层面，第 3 列为市级层面，第 4 列为县级层面。因变量为土地财政收入，核心解释变量是“营改增”的政策处理效应，研究发现，在观察期内，随着地区固定效应的范围越小。即去除更多的地区一致性，“营改增”的政策处理效应的显著性越来越高，当我们使用县级固定效应之后，“营改增”的政策处理效果在 1% 的水平下显著，即“营改增”可以显著增加土地财政收入，我们的结果稳健。

表 8.9　　1∶1 近邻匹配的稳健性检验

VARIABLES	(1)	(2)	(3)	(4)
	混合 OLS	省级固定效应	市级固定效应	县级固定效应
btvdt	0.0188 (0.116)	0.104 (0.101)	0.0819 (0.101)	0.293 *** (0.104)
btv	0.653 *** (0.0629)	-0.614 *** (0.157)	-1.817 ** (0.765)	-0.788 (0.623)
dt	1.310 *** (0.0931)	2.288 *** (0.140)	2.250 *** (0.145)	2.136 *** (0.151)
gdp1	-0.0480 *** (0.00837)	-0.0364 *** (0.00801)	-0.0317 *** (0.00975)	-0.0151 (0.0105)
gdp2	0.0150 *** (0.00509)	0.00773 * (0.00432)	0.00386 (0.00481)	-0.00612 (0.00516)
population	0.00147 *** (0.0000079)	0.00121 *** (0.0000074)	0.00144 *** (0.0000099)	0.000616 (0.000698)
Constant	8.130 *** (0.387)	7.544 *** (0.352)	7.038 *** (0.527)	8.127 *** (0.629)
省级固定效应	NO	YES	NO	NO
市级固定效应	NO	NO	YES	NO
县级固定效应	NO	NO	NO	YES
时间固定效应	YES	YES	YES	YES
Observations	4173	4173	4173	4173
R - squared	0.286	0.471	0.570	0.738

注：括号内为稳健标准误，* 为显著性水平，*** p<0.01，** p<0.05，* p<0.1。

表 8.10 为更换匹配方法的稳健性检验结果，我们使用 1∶3 近邻匹配的方法进行 PSM - DID 检验。第 1 列为混合 OLS 的回归结果，第 2 至 4 列为双向固定效应的回归结果，均处理了时间固定效应，第 2 列的地区固定效应是省级层面，第 3 列为市级层面，第 4 列为县级层面。因变量为土地财政收入，核心解释变量是“营改增”的政策处理效应，研究发现，在观察期内，随着地区固定效应的范围越小。即去除更多的地区一致性，“营改增”的政策处理效应的显著性越来越高，当我们使用县级固定效应之后，“营改增”的政策处理效果在 1% 的水平下显著，即“营改增”可以显著增加土地财政收入，我们的结果稳健。

表 8.10　　1∶3 近邻匹配的稳健性检验

VARIABLES	(1) 混合 OLS	(2) 省级固定效应	(3) 市级固定效应	(4) 县级固定效应
btvdt	0.107 (0.117)	0.177* (0.101)	0.160* (0.0949)	0.273*** (0.0869)
btv	0.659*** (0.0509)	-0.669*** (0.112)	-1.888*** (0.423)	-0.488 (1.030)
dt	1.219*** (0.0699)	2.231*** (0.119)	2.167*** (0.113)	2.073*** (0.108)
gdp1	-0.0494*** (0.00238)	-0.0375*** (0.00230)	-0.0310*** (0.00247)	-0.0111** (0.00540)
gdp2	0.00775*** (0.00164)	0.00369** (0.00149)	0.00269* (0.00154)	0.00162 (0.00219)
population	0.00177*** (0.000006)	0.00144*** (0.000006)	0.00157*** (0.000008)	0.000688 (0.000494)
Constant	8.279*** (0.116)	7.669*** (0.141)	7.098*** (0.240)	7.434*** (0.972)
省级固定效应	NO	YES	NO	NO
城市固定效应	NO	NO	YES	NO
县级固定效应	NO	NO	NO	YES
时间固定效应	NO	YES	YES	YES
Observations	6513	6513	6513	6513
R - squared	0.294	0.473	0.564	0.735

注：括号内为稳健标准误，* 为显著性水平，*** $p < 0.01$，** $p < 0.05$，* $p < 0.1$。

第五节　结论与启示

近年来，“营改增”改革已成为中国财政体制改革中最重要的一环，同时土地财政也是中国财政领域最受关注的问题，如何准确评价“营改增”改革对土地财政的影响具有重大的理论和现实意义。

本章首次利用中国土地市场网公示的每一笔商住用地出让信息构建县级土地财政数据，采用 PSM - DID 的方法考察了“营改增”对县级土地财政规模的影响以及财政压力这一影响机制。研究表明，“营改增”改革可以显著刺激县级土地财政规模的扩大，进一步的机制识别表明，财政压力在两者之间起着中间机制的作用。具体来说：第一，“营改增”改革使县级土地财政收入上升了 21.6%，而且“营改增”对土地财政影响的政策处理效果集中体现在东部地区；第二，“营改增”改革对财政压力有明显的刺激作用，财政压力可以显著提高土地财政规模，这也验证了“营改增”与土地财政之间的财政压力机制。我们的结论在多种稳健性检验之下依旧成立。

结合本章的结论，我们提出如下建议：第一，以“营改增”改革为契机，加快建设现代财税体系，构建地方主体税种，建立完善央地税收分成关系，改善地方政府财权和支出责任不匹配的问题，缓解财政压力，减少地方政府对土地财政的依赖度。第二，完善土地出让金管理和监督制度。严格实行国有土地使用权出让收支全额纳入政府预算管理、实行彻底“收支两条线”、土地出让收入全额直接缴入国库专用账户的原则，要强化财政、审计、监察部门的监督，土地出让金的收入和支出都实施全面监督，真正做到在事前、事中、事后都有相应的行政措施对土地出让金制度进行监管，真正建立公开、透明的土地出让收入和支出制度。

| 第九章 |

结论、建议以及展望

第一节 结 论

本章聚焦于工业用地出让方式的结构，利用 2007 ~ 2014 年的 130 万余宗土地出让数据构建了中国土地出让数据库，采用政府干预的视角研究工业用地出让方式的结构，结合“扶助之手”理论和“掠夺之手”理论，实证研究了其经济影响和形成原因。本章得出了以下几点结论：

第一，明确了工业用地出让方式结构的政府干预的研究视角。我们结合“市场在资源配置中的作用不断加强”“土地出让在经济运行和财政体制中的地位日益加强”“政府干预广泛存在于土地领域”“土地出让方式成为政府实质性干预土地出让的重要手段”和“政府认为现行土地出让制度符合市场原则”的大背景，提出了本章的核心问题：工业用地出让方式的结构。根据市场化性质对工业用地出让方式进行分类，特别是根据“程序分析”“人员采访”“案例解读”和“文献佐证”的方式确定了挂牌出让的高政府干预特征，将“划拨”“协议”和“挂牌”划分为低市场化出让方式，将“招标”和“拍卖”划分为高市场化出让，明确了工业用地出让方式结构的“政府干预”研究视角。

第二，我国工业用地出让方式以低市场化的方式为主。文章展示了在工业用地划拨、协议、挂牌、招标和拍卖出让的规模与结构，并进行了综合对比，发现市场化程度较低的挂牌、协议和划拨面积高于市场化程度较高的招标和拍卖出让，低市场出让面积和高市场化出让面积差异巨大，即工业用地低市场化出让的比例远高于高市场化出让的比例，在观察期内，工业用地低市场化出让面积占工业面积出让总面积的96%，而高市场化出让面积只占4%；东部地区的工业用地的高市场化出让方式和低市场化出让方式的规模都高于中部和西部地区，并且东部地区工业用地的高市场化出让方式的占比高于中部和西部地区。

第三，通过实证分析，检验了工业用地出让方式对经济发展的影响。我们得出如下几点结论：一是工业用地的低市场化出让对财政收入有抑制效应。通过工业用地的低市场化出让的比例对财政收入影响的研究发现：首先，工业用地的低市场化出让比例在短期对一般公共预算收入没有显著影响，但是在当期、中期和长期会对一般公共预算收入产生显著的抑制效应。我们发现工业用地的低市场化出让比例对一般公共预算收入的影响具有明显的地区异质性。其次，工业用地低市场化出让的比例对税收收入，无论在当期、短期、中期还是长期，都有显著的抑制效应。根据异质性研究，我们发现工业用地的低市场化出让比例对税收收入的影响具有明显的地区异质性。最后，工业用地的低市场化出让比例在当期和短期对企业所得税收入没有显著影响，但是在中期和长期会对企业所得税收入产生显著的抑制效应。工业用地的低市场化出让比例对企业所得税收入的影响具有明显的地区异质性。二是工业用地的低市场化出让对经济增长速度有抑制效应。通过工业用地的低市场化出让的比例对GDP增长速度影响的研究发现：首先，工业用地的低市场化出让比例在当期、短期和中期对GDP增长速度没有显著影响，但是在长期会对GDP增长速度产生显著的抑制效应。工业用地的低市场化出让比例对GDP增长速度的影响具有明显的地区异质性。其次，工业用地的低市场化出让比例在当期和短期对工业总产值没有显著影响，但是在中期和长期会对工业总产值产生显著的抑制效应。工业用地的低市场化出让比例对工业总产值的影响具有明显的地区异质性。再次，工业用地的低市场化出让比例在当期、短期、中期和长期对非房地产固定资产投资都有显著抑制作用。工业用地出让方式对非房地产固定资产投资的影响有显著的地区异质性。最后，工业用地的低市场化出让比例在当期、短期、中期和长期对就业都没有显著影响。工业用地出让方式对就业的影响有显著的地区异质性。三是工业用地的低市场化出让对经济增长质量有明显的抑制效应。通过工业用地的低市场化出让的比例对城市资源配置影响的研究发现：首先，工业用地出让方式对资源配置效率在短期和中期都没有显著影响，但是在长期来看，其显著抑制了资源配置效率；其次，地理禀赋会显著影响全要素生产率，离大港口的距离越近，城市的全要素生产率越高；再次，由于地理禀赋的外部性，在地理禀赋较差的地方，提高工业用地低市场化出让的比例反而促进了全要素生产率的提高；最后，工业用地出让方式对全要素生产率的影响有非常明显的城市级别异质性。通过工业用地的低市场化出让的比例对创新影响的研究发现：首先，工业用地的低市场化出让比例在当期、短期、中期和长期会对城市创新能力产生显著的抑制效应；其次，工业用地出让方式对创新的影响有非常明显的区位异质性；最后，工业用地出让方式对创新能力的影响有非常明显的城市级别异质性。

第二节 建 议

从我们前文来看，对于经济发展来说，无论从“扶助之手”的无效还是“掠夺之手”的蔓延，政府对于工业用地出让方式的干预都属于“不当”干预。本节力图发现工业用地出让方式的更深层次制度层面的问题并提出相应的政策建议。

一、完善工业用地出让制度

（一）明确工业用地出让的原则

本书认为工业用地出让方式在制度上的改进应当遵循以下三个原则：

第一，原则上以高市场化的方式出让工业用地。

第二，如果有正外部性或者公益性的工业企业，那么政府干预或者补贴的形式应该是一般公共预算的形式，而不是土地的这种隐蔽性补贴。

第三，在整个过程遵循公开、透明的原则。

（二）规范工业用地出让方式选择标准

划拨出让理应针对纯粹公益性用地，继续推进划拨出让退出经营性土地出让，特别是工业用地出让领域。工业用地隶属于经营性用地，没有采取划拨方式的前提条件。无论是国有企业还是私营企业，申请使用工业用地土地使用权，都不能采取无偿划拨的方式。

当前，协议出让主要针对公布地块上只有一个意向使用者的地块，协议出让在2007年第二轮土地市场化改革后大幅度减少，在后续工作中，继续推动《协议出让国有土地使用权规定》，使协议出让逐步退出工业用地领域。考虑到协议出让的实际情形，协议的方式其应用范围也应当限制在纯粹公益性用地领域，使其逐步退出经营性用地领域。

明确并细化挂牌、招标和拍卖出让的选择标准。现行的《招标拍卖挂牌出让国有土地使用权规定》规定了经营性用地以及同一宗地有两个以上意向用地者的，应当以招标、拍卖或者挂牌方式出让，但是对于招标、拍卖和挂牌之间的选择没有明确的规定，这给了地方政府在“招拍挂”选择上很大的寻租空间。如果采取拍卖或者招标出让，如果竞买者少于三人，或报价低于底价，则需要中止出让①。对于工业用地，如果在挂牌期限内只有一个竞买人报价，且报价高于底价，挂牌成交②，这也说明了在挂牌出让可以只有一个意向人，这点和协议出让类似，有很大的寻租空间。

我们提出“招拍挂”选择上的三点建议：第一，应当提前公布年度土地招标、拍卖和挂牌出让的比例，这样可以给企业足够明确的信息和预期。第二，原则上减少或者取消工业用地的挂牌出让。挂牌出让是一种两阶段拍卖，其主要通过在第一阶段设置各种量身定制的条件来干预出让结果，在“市场在资源配置中起决定性作用”的大潮之下，这是违背历史潮流的。第三，在“招拍挂”出让中，需要作出明确说明为何选择挂牌（招标和拍卖），而不是招标（挂牌和拍卖）和拍卖（招标和挂牌）。

（三）规范工业用地出让方式的实施过程

划拨出让没有明确的使用期限的限制，这有可能导致无限期使用土地，

---

① 《招标拍卖挂牌出让国有土地使用权规定》第十三条和第十六条。

② 《招标拍卖挂牌出让国有土地使用权规定》第十九条。

甚至土地的所有权的完全私有，动摇社会主义基本经济制度，划拨出让应该有明确的使用期限限制。已经划拨出让的工业用地，应当明确土地继续使用的期限。

对于协议、招标、拍卖和挂牌出让的底价，在现行制度下，实行成交前保密的制度。但是，我们翻阅对比协议出让和挂牌出让的出让公告、出让流程记录和出让结果公示发现，有大量的协议出让和挂牌出让是以出让底价成交的，特别是在仅存一个竞买人的情况下，这说明了这种保密条例对于成交的竞买人来说形同虚设，这种底价保密条例也为相关部门寻租提供了便利。在工业用地出让方式的实施过程中，应当公布保留底价，向所有公民和所有潜在竞买者提供更公开、更完善的信息。

现行制度下，挂牌出让过程中，可以仅有一个竞买人，而拍卖和招标必须是三人或者三人以上。挂牌出让可以允许一个竞买人的设置最初目的可能是为促成交易，但是现在成为制度的异化，地方政府使用挂牌出让的主要目的是确保只有一个或者两个竞买者。地方政府如何确保只有一个或者两个竞买者呢？地方政府往往会在挂牌阶段设置受让方资格。“按公告规定的期限将拟出让宗地的交易条件在指定的土地交易场所挂牌公布”① 其特别强调了“交易条件”，这也为地方政府人为设置“萝卜坑”式的条件提供了便利。在挂牌出让的交易条件设置中，应当设置通用的、简单的、大众化的条件，不能是少有竞买人满足的条件，从而达到将竞争者排除在外的目的。

（四）完善土地出让信息公开机制

第一，加强土地出让相关信息的宣传。土地的出让信息要及时并广泛的宣传，这样可以有效完善信息的不完全性。将土地的出让信息尽可能传递给潜在的受让方，并且使潜在受让方尽可能了解地块的详细情况。

第二，加强土地出让信息披露程度，加大土地督察力度。加强对土地出让信息披露的程度，完善对土地出让的各个环节和各类相关信息的信息公开和及时化披露，对于披露有问题的则需要通过土地督察等方式加以解决。②

---

① 《招标拍卖挂牌出让国有土地使用权规定》第二条。

② 程安琪. 地方政府土地出让中的合谋和效率损失 [D]. 南京大学，2017.

二、完善土地管理制度

（一）完善土地分类，分属性管理

将土地按使用性质进行分类，在坚持土地公有制的基础上，将土地使用权的实施主体明确化，根据土地性质指定管理机构，切断管理职能与管理部门利益之间的关系。具体来说，对于全民所有制的土地，将用于包括行政用途在内的所有非营利用地作为一类，我们暂且称之为“非营利用地”，其他用途则全部都称之为“经营性用地”。前者“非营利用地”的用途严格限制在用于行政或公共目的，禁止出售甚至产生经济收益；后者“经营性用地”则可用于出售或借贷，产生经济收益。

在管理方式上，“非营利用地”的使用权作为“实物资产”交由具体使用的部门或机构，并通过建立类似《国有财产法》这样的法律来进行严格的规范管理。对于“经营性用地”则采取统一管理运营，交由财政部门，作为可以实现“公共收入”的“经济资产”进行管理。在管理目的上，前者是“以成本最小化实现既定目标的公共利益”；而后者则是“以实现资源最优配置为目的，在结果上表现为经济利益最大化”。从财政的角度来看，“非营利用地”是为公众提供公共服务的手段，因而分属于各个行政机构管理并构成各个机构的行政成本；而“经营性用地”则是财政财产，它们被统一管理运营，形成的收益属于财政一般公共预算收入的一部分。无论哪种形式，土地作为“全民所有”的权益都属于全体人民。通过这样的分类，在逻辑上理顺土地全民所有和土地使用权市场化之间的关系。

（二）建立台账制度并公开“土地台账”

土地不仅是当代全体人民、也是后代全体人民的重要财产和资源，规范管理和有效运营土地资源不仅关系现在所有人的利益分配，也关系代际的公平。因此，作为有责任的政府应当管好、用好、维护好土地资源。我们参考日本的土地台账制度，建立全面、细致、及时反映中国土地现状的中国“土地台账”。在信息技术已经如此发达的时代，可以直接运用电子信息系统，记载土地的种类、用途、所在地、数量、使用权归属变更的时间及理由等，并且统计方法和记载格式必须以法律的形式加以统一要求，以方便全国各地以及同一地块不同时期情况的掌握和比较。

“土地台账”不仅仅用于对土地的准确把握和规范管理，而且还是向公众公开信息、明示用途、问责土地管理和运营效率的重要工具。在台账制度中，除了要求对实物的物理状态进行准确、详细的登记之外，还要对土地的价值进行登记。为此，需要制定相关法律条文来规定土地的评估方法，每年必须按照统一方法重新评估其价值并登记在册。即使是无偿使用的土地，也进行无偿使用登记。做到每一块土地均可通过政府网站查询到其使用状态、价值状态以及其交易的历史痕迹。

三、完善配套财政制度

（一）推动财政补贴预算管理

将各类财政补贴全面纳入一般公共预算支出管理，设立专项预算管理，全面禁止实物类补贴，特别是低价土地补贴。

对国有企业的补贴，现行制度下纳入国有资本经营预算管理。国有企业由于承担政策性任务，其存在政策性负担，这是对其进行补贴的合理性之一。而这些补贴存在着大量的政治性交换和寻租空间，为了减少这一现象，我们提出两点建议：短期中，取消实物补贴，将补贴纳入一般公共预算管理，将补贴公开化、透明化；长期中，剥离国有企业的政策行负担，将国有企业分为“公益性国企”和“经营性国企”，逐步取消对“经营性国企”的各项补贴。

对于高新技术的补贴，现行制度下并没有专项预算管理，其隐藏在“一般公共预算”“国有资本经营预算”和“政府性基金预算”。我们的建议是，取消土地等实物补贴，将补贴纳入一般公共预算管理，设立高新技术补贴专项预算，将补贴公开化、透明化和标准化。

对于纯公共事务的补贴，可以采取土地补贴，但是需要纳入“土地台账”。对社保基金等公共事务的补贴，可以用土地形式，但是需要用“零价”土地补贴，零价可以明确公益与经营的界限，且有明确规定，如不可转变土地性质、不可转让等，补贴公共事务的土地也需要纳入“土地台账”，进行全面的、公开的管理，接受监督。

（二）完善国有土地使用权出让金管理制度

在预算管理方面，继续严格实行国有土地使用权出让收支全额纳入政府（不一定是地方政府）预算管理、实行彻底“收支两条线”、土地出让收入全额直接缴入国库专用账户的原则。

在账务管理上，要完善会计制度的权责发生制，细化和明确各类成本核算方法、标准，建立以土地储备机构为会计主体的土地收支核算体系和以财政部门会计为主体的土地出让收支核算体系，并建立综合财务报告制度，实现信息共享、共通、共用。

在政务管理方面，要强化财政、审计、监察部门的监督，从土地出让过程开始实施监控和管理，加大土地出让金收缴力度，严格的审计程序等，真正做到在事前、事中、事后都有相应的行政措施对土地出让金制度进行监管。

在监督机制方面，这里想强调的就是要通过信息公开和民主参与等途径，建立一个包括内部监督与外部监督以及行政监督与社会监督的综合监督机制，目前尤其要发挥人大的监督作用。

（三）完善财政信息披露机制

财政信息的公开应本着完整、详细、及时、便利等原则。[①]

在法律法规方面，财政信息披露受到《中华人民共和国保守国家秘密法》和《关于进一步做好预算信息公开工作的指导意见》[②] 的严重制约，而新《预算法》对财政信息公开的规定过于笼统，影响法律的权威性和可操作性。我们应当尽快修正相关法律法规对财政信息披露的不足，应建立政府信息公开方面的专门法律。

建议规范完善研究机构和媒体机构参与的制度。引导研究机构和媒体机构参与政府信息公开活动，依靠他们扩大政府信息公开的广度、深化信息公

① 邓淑莲，温娇秀，2015：《中国省级财政透明度存在的问题及改进建议》，《中央财经大学学报》，第 10 期，第 3 –9 页。

② 财政部财预〔2010〕31 号，2010 年。

开的深度，发挥他们比一般公众更具专业性、敏感性的特点，促进财政信息公开更加及时和详细。

改进信息的公开方式。便利原则是政府信息公开，包括财政信息公开的重要原则。便利的含义是指便利公众获得政府信息。将公众获取政府财政信息的成本（包括时间成本）最小化应是政府财政公开工作的重要目标之一。必须通过制度规定一级政府的财政部门承担搜集、整理并集中公开所有财政信息的责任，将财政信息集中在一个网站上公开。

第三节 展 望

本书聚焦于工业用地配置方式的结构性问题，研究了其市场化配置经济影响和形成原因，但是研究才刚刚起步。首先，土地出让的结构问题不仅限于此，土地出让的结构性问题还包括工业用地和商住用地间的结构、商业用地和住宅用地间的结构等。其次，工业用地出让方式的结构的影响和原因，我们也只探索了比较有代表性的几个方面，其广泛的影响和深层次的原因，还需后来者近一步探究。再次，我们的研究目前精确到地市一级层面，地块层面的研究只做了其中一部分，而地块层面的研究还有很大的研究价值，特别从土地出让数据和获得土地的企业财务数据之间的匹配还亟需后来者挖掘。而后，本书侧重于实证层面的研究，理论研究亟须进一步挖掘。最后，后来的研究应该以土地出让方式为逻辑分析起点，将土地一级市场与二级市场统一起来，将土地征收、土地储备、土地出让和土地转让环节结合起来，形成真正研究中国土地问题的大框架。

由于本人的精力与能力的不足，以上问题当前还没有解决。我们将这些问题留给未来的自己，也留给未来的研究者。让未来来临是我们所有人的使命。

在不远的某天，我们可以喊出“未来已来”！

“当我说出‘未来’一词，第一个音节便已成为过去。”

——辛波斯卡

参考文献

［1］白彦锋，刘畅．中央政府土地政策及其对地方政府土地出让行为的影响——对“土地财政”现象成因的一个假说［J］．财贸经济，2013（7）：29－37．

［2］笔者根据中国土地市场网整理而得，其余土地为非经营性用地。

［3］曹广忠，袁飞，陶然．土地财政、产业结构演变与税收超常规增长——中国“税收增长之谜”的一个分析视角［J］．中国工业经济，2007（12）：13－21．

［4］曹正汉，史晋川，宋华盛．为增长而控制——中国的地区竞争与地方政府对土地的控制行为［J］．学术研究，2011（8）：76－84．

［5］陈斌开，金箫，欧阳涤非．住房价格、资源错配与中国工业企业生产率［J］．世界经济，2015（4）：77－98．

［6］陈莹，谭术魁，张安录．公益性、非公益性土地征收补偿的差异性研究——基于湖北省 4 市 54 村 543 户农户问卷和 83 个征收案例的实证［J］．管理世界，2009（10）：72－79．

［7］陈钊，王旸．“营改增”是否促进了分工：来自中国上市公司的证据［J］．管理世界，2016（3）：36－45．

［8］陈哲．城市土地利用中的政府干预：基于规划的视角［D］．南京农业大学，2010．

［9］单顺安．“土地财政”治理路径研究［D］．西南财经大学，2012．

［10］邓博文．土地财政收入来源对中国工业企业的发展效应研究——基于地级市土地出让数据的实证分析［J］．经济问题探索，2014（10）：112－118．

［11］邓淑莲等．中国省级财政透明度评估（2017）［J］．上海财经大

学学报，2018（3）：18－28.

［12］邓淑莲，温娇秀．中国省级财政透明度存在的问题及改进建议［J］．中央财经大学学报，2015（10）：3－9.

［13］刁伟涛．土地财政、地方债务与房价水平——基于省际面板数据的实证研究［J］．当代财经，2015（2）：34－42.

［14］董艳梅，朱英明．高铁建设能否重塑中国的经济空间布局——基于就业、工资和经济增长的区域异质性视角［J］．中国工业经济，2016（10）：92－108.

［15］杜春林，张新文，张耀宇．土地财政对地方政府社会保障支出的补给效应［J］．上海财经大学学报，2015（3）：50－58.

［16］杜雪君，黄忠华，吴次芳．中国土地财政与经济增长——基于省际面板数据的分析［J］．财贸经济，2009（1）：60－64.

［17］杜雪君，黄忠华．以地谋发展：土地出让与经济增长的实证研究［J］．中国土地科学，2015（7）：40－47.

［18］范剑勇，莫家伟．地方债务、土地市场与地区工业增长［J］．经济研究，2014（1）：41－55.

［19］范子英．土地财政的根源：财政压力还是投资冲动［J］．中国工业经济，2016（6）：18－31.

［20］傅勇．财政分权、政府治理与非经济性公共物品供给［J］．经济研究，2010（8）：4－15.

［21］傅勇，张晏．中国式分权与财政支出结构偏向：为增长而竞争的代价［J］．管理世界，2007（3）：4－12.

［22］顾智鹏，武舜臣，曹宝明．中国产能过剩问题的一个解释——基于土地要素配置视角［J］．南京社会科学，2016（2）：31－38.

［23］韩树杰．我国土地收益分配对国民经济的影响实证研究［D］．中国社会科学院研究生院，2014.

［24］侯昭瑞．中国现行土地财政模式转型研究［D］．辽宁大学，2013.

［25］胡怡建，田志伟．我国“营改增”的财政经济效应［J］．税务研究，2014（1）：38－43.

［26］贾俊雪，张超，秦聪，冯静．纵向财政失衡、政治晋升与土地财政［J］．中国软科学，2016（9）：144－155．

［27］贾康，刘微．“土地财政”：分析及出路——在深化财税改革中构建合理、规范、可持续的地方“土地生财”机制［J］．财政研究，2012（1）：2－9．

［28］江飞涛，耿强，吕大国，李晓萍．地区竞争、体制扭曲与产能过剩的形成机理［J］．中国工业经济，2012（6）：44－56．

［29］江飞涛．中国钢铁工业产能过剩问题研究［D］．中南大学，2008．

［30］蒋省三，刘守英，李青．土地制度改革与国民经济成长［J］．管理世界，2007（9）：1－9．

［31］蒋文华，周钰玲，谭建立．地方政府财政能力对省际创新的影响——基于门限面板和空间面板模型的实证分析［J］．云南财经大学学报，2017（3）：89－98．

［32］寇宗来，刘学悦．中国城市和产业创新力报告2017［J］．复旦大学产业发展研究中心，2017．

［33］况伟大，李涛．土地出让方式、地价与房价［J］．金融研究，2012（8）：56－69．

［34］雷潇雨，龚六堂．基于土地出让的工业化与城镇化［J］．管理世界，2014（9）：29－41．

［35］李斌，卢娟．土地财政对公共服务供给的影响——基于中国273个地级市数据的空间Tobit与分位数检验［J］．云南财经大学学报，2018（3）：25－40．

［36］李博阳，张嘉望，李廷瑞．社会资本与地区技术创新——基于中介效应和替代效应视角的研究［J］．云南财经大学学报，2017（6）：44－56．

［37］李娟娟，宋琪．土地出让、资本化与城市基础设施供给激励——基于我国35个大中城市的实证分析［J］．经济问题探索，2018（6）．

［38］李力行，黄佩媛，马光荣．土地资源错配与中国工业企业生产率差异［J］．管理世界，2016（8）：86－96．

［39］李露．土地出让方式对地方财政影响的实证分析［D］．浙江工商

大学，2011.

[40] 李茂华."招拍挂"出让机制和城市土地市场化研究——以嘉定区K地块挂牌出让为例 [D]. 复旦大学，2008.

[41] 李鹏. 土地出让收益，公共品供给及对城市增长影响研究 [D]. 浙江大学，2013.

[42] 李学文，卢新海. 经济增长背景下的土地财政与土地出让行为分析 [J]. 中国土地科学，2012 (8)：42-47.

[43] 李一花，乔敏，董旸. 土地财政及其影响——基于市级层面的研究简 [J]. 财贸研究，2015 (6)：82-89.

[44] 李永乐，胡晓波，魏后凯."三维"政府竞争——以地方政府土地出让为例 [J]. 政治学研究，2018 (1)：47-58.

[45] 刘建民，唐红李，吴金光."营改增"全面实施对企业盈利能力、投资与专业化分工的影响效应——基于湖南省上市公司PSM-DID模型的分析 [J]. 财政研究，2017 (12)：75-88.

[46] 刘京军，张莉，徐现祥. 土地出让与银行信贷配置——兼论实体经济为何融资难 [J]. 中山大学学报（社会科学版），2016 (5)：186-200.

[47] 刘乃铭，金澎. 土地出让方式对中国地方政府财政收入的影响研究 [J]. 中国土地科学，2014 (1)：91-96.

[48] 刘骞文，闫笑. 地方政府"土地引资"背景下的FDI挤入挤出效应研究 [J]. 财经研究，2016 (1)：47-58.

[49] 刘瑞明，赵仁杰. 西部大开发：增长驱动还是政策陷阱—基于PSM-DID方法的研究 [J]. 中国工业经济，2015 (6)：32-43.

[50] 刘政. 规模化需求、二元内需结构与中国企业技术创新——基于企业本土市场销售份额的需求利用视角 [J]. 云南财经大学学报，2017 (3)：32-44.

[51] 楼东伟. 资源错配与产业结构失衡的经济影响效应研究——基于中国经济转型的背景 [D]. 浙江大学，2013.

[52] 卢洪友，袁光平，陈思霞，卢盛峰. 土地财政根源："竞争冲动"还是"无奈之举"？——来自中国地市的经验证据 [J]. 经济社会体制比较，2011 (1)：88-98.

[52] 卢建新，于路路，陈少衔．工业用地出让、引资质量底线竞争与环境污染——基于252个地级市面板数据的经验分析［J］．中国人口·资源与环境，2017（3）：90－98.

[54] 鲁元平，张克中，欧阳洁．土地财政阻碍了区域技术创新吗？——基于267个地级市面板数据的实证检验［J］．金融研究，2018（5）：101－119.

[55] 吕玉霞．土地资源配置的经济效应分析［D］．山东大学，2016.

[56] 罗湖平．中国土地资源配置中的隐形市场研究［D］．湖南农业大学，2013.

[57] 骆祖春．土地财政的理论生成机制与实证分析［D］．现代经济探讨，2012（12）：36－40.

[58] 梅冬州，崔小勇，吴娱．房价变动、土地财政与中国经济波动［J］．经济研究，2018（1）：35－49.

[59] 1990年，《城镇国有土地使用权出让和转让暂行规定》第六条。

[60] 2006年，《国务院关于加强土地调控有关问题的通知》。

[61] 2016年，《国务院关于印发全面推开“营改增”试点后调整中央与地方增值税收入划分过渡方案的通知》。

[62] 2004年，《土地管理法》第44条、第46条和第60条。

[63] 乔睿蕾，陈良华．“营改增”对现金—现金流敏感性的影响——基于分层线性模型（HLM）的检验［J］．华东经济管理，2016，30（12）：163－169.

[64] 数据来自财政部《2017年财政收支情况》。

[65] 宋琪．资本化视角下地方公共品供给的财政激励研究［D］．山东大学，2016.

[66] 谭术魁，陈宇，张孜仪．土地出让收入的公共性质及其实现［J］．管理世界，2012（7）：178－179.

[67] 唐鹏．土地财政收入形成及与地方财政支出偏好的关系研究［D］．南京农业大学，2014.

[68] 陶然，陆曦，苏福兵，汪晖．地区竞争格局演变下的中国转轨：财政激励和发展模式反思［J］．经济研究，2009（7）：21－33.

[69] 陶然，袁飞，曹广忠．区域竞争、土地出让与地方财政效应：基于1999～2003年中国地级城市面板数据的分析［J］．世界经济，2007（10）：15－27.

[70] 田传浩，李明坤，郦水清．土地财政与地方公共物品供给——基于城市层面的经验［J］．公共管理学报，2014（4）：38－48.

[71] 田志伟，胡怡建．“营改增”对财政经济的动态影响：基于CGE模型的分析［J］．财经研究，2014，40（2）：4－18.

[72] 王健，吴群，彭山桂，李永乐．“营改增”是否影响了地方政府土地财政收入［J］．财贸研究，2017（12）.

[73] 王乔，王丽娟．全国70个大中城市土地出让收入与价格的实证分析——基于土地财政的空间互动效应研究［J］．财贸经济，2014（8）：13－23.

[74] 王媛，杨广亮．为经济增长而干预：地方政府的土地出让策略分析［J］．管理世界，2016（5）：18－31.

[75] 文婷婷．土地出让方式对产业结构的影响研究——基于全国地级市面板数据［D］．广西大学，2016.

[76] 闻紫羽．中国省级政府间土地出让竞争问题研究［D］．厦门大学，2014.

[77] 吴延兵．中国式分权下的偏向性投资［J］．经济研究，2017（6）：139－154.

[78] 夏涛．土地市场化背景下土地使用权招标出让的委托代理分析［D］．西南大学，2013.

[79] 肖国荣．中国土地违法变迁及其影响因素研究［D］．中国农业大学，2015.

[80] 徐升艳，陈杰，赵刚．土地出让市场化如何促进经济增长［J］．中国工业经济，2018（3）：44－61.

[81] 徐升艳，陈杰，赵刚．土地出让市场化如何促进经济增长［J］．中国工业经济，2018（3）：44－61.

[82] 薛白，赤旭．土地财政、寻租与经济增长［J］．财政研究，2010（2）：27－30.

[83] 杨灿明，詹新宇．土地财政的再分配效应——来自中国省际面板数据的经验证据［J］．经济学动态，2015（11）：4－16．

[84] 杨继东，杨其静．保增长压力、刺激计划与工业用地出让［J］．经济研究，2016（1）：99－113．

[85] 杨继东，赵文哲，刘凯．刺激计划、国企渠道与土地出让［J］．经济学：季刊，2016（3）：1225－1252．

[86] 杨其静，彭艳琼．晋升竞争与工业用地出让——基于2007～2011年中国城市面板数据的分析［J］．社会科学文摘，2016（1）：5－17．

[87] 杨其静，吴海军．产能过剩、中央管制与地方政府反应［J］．世界经济，2016（11）：126－146．

[88] 杨其静，卓品，杨继东．工业用地出让与引资质量底线竞争——基于2007～2011年中国地级市面板数据的经验研究［J］．管理世界，2014（11）：24－34．

[89] 叶剑平，马长发，张庆红．土地要素对中国经济增长贡献分析——基于空间面板模型［J］．财贸经济，2011（4）：111－116．

[90] 叶林，吴木銮，高颖玲．土地财政与城市扩张：实证证据及对策研究［J］．经济社会体制比较，2016（2）：39－47．

[91] 余靖雯，肖洁，龚六堂．政治周期与地方政府土地出让行为［J］．经济研究，2015（2）：88－102．

[92] 余泳泽，杨晓章．官员任期、官员特征与经济增长目标制定——来自230个地级市的经验证据［D］．经济学动态，2017（2）：51－65．

[93] 张莉，高元骅，徐现祥．政企合谋下的土地出让［J］．管理世界，2013（12）：43－51．

[94] 张莉，年永威，刘京军．土地市场波动与地方债——以城投债为例［J］．经济学（季刊），2018（3）：1103－1126．

[95] 张莉，王贤彬，徐现祥．财政激励、晋升激励与地方官员的土地出让行为［J］．中国工业经济，2011（4）：35－43．

[96] 张莉，徐现祥，王贤彬．地方官员合谋与土地违法［J］．世界经济，2011（3）：72－88．

[97] 张莉，朱光顺，李夏洋，王贤彬．重点产业政策与地方政府的资

源配置［J］. 中国工业经济，2017（8）：63－80.

［98］张青，胡凯. 中国土地财政的起因与改革［J］. 财贸经济，2009（9）：77－81.

［99］张薇薇. 我国城市土地使用权出让方式的问题及对策［D］. 华东师范大学，2008.

［100］张志鸿. 土地出让金支出结构合理化研究［J］. 南方经济，2018（7）：113－124.

［101］赵爱栋，蓝菁，马贤磊，许实. 土地价格市场化对中国工业部门要素投入与技术选择的影响［J］. 财经研究，2016（8）：85－96.

［102］赵扶扬，王忏，龚六堂. 土地财政与中国经济波动［J］. 经济研究，2017（12）.

［103］赵文哲，杨继东. 地方政府财政缺口与土地出让方式——基于地方政府与国有企业互利行为的解释［J］. 管理世界，2015（4）：11－24.

［104］赵娅. 中国经营性土地使用权“招拍挂”出让机制的理论和实证研究》［D］. 上海交通大学，2013.

［105］郑思齐，师展. “土地财政”下的土地和住宅市场：对地方政府行为的分析［J］. 广东社会科学，2011，（2）：5－10.

［106］郑思齐，孙伟增，吴璟，武赟. “以地生财，以财养地”——中国特色城市建设投融资模式研究［J］. 经济研究，2014（8）：14－27.

［107］周飞舟. 大兴土木：土地财政与地方政府行为［J］. 经济社会体制比较，2010（3）：77－89.

［108］周和妮. 公益性农地征收补偿问题研究［D］. 上海交通大学，2013.

［109］周黎安，陶婧. 政府规模、市场化与地区腐败［J］. 中国经济学前沿，2009（3）：57－69.

［110］周卫. 我国地方政府土地财政问题成因及治理思路研究［D］. 北京交通大学，2015.

［111］周亚虹，宗庆庆，陈曦明. 财政分权体制下地市级政府教育支出的标尺竞争［J］. 经济研究，2013（11）：127－139.

［112］周振，张充. 金融业“营改增”、税收负担与经营绩效——基

于沪深A股上市公司的经验数据分析 [J]. 华东经济管理, 2016, 30 (9): 100 - 104.

[113] 朱丽娜. "土地财政" 对地方财政收入的影响研究 [J]. 南京农业大学, 2009.

[114] 左翔, 殷醒民. "土地财政" 模式与地方公共品供给 [J]. 世界经济文汇, 2014 (4): 88 - 102.

[115] 左翔, 殷醒民. 土地一级市场垄断与地方公共品供给 [D]. 经济学: 季刊, 2013 (1): 693 - 718.

[116] Adamopoulos T., Brandt L., Leight J., Restuccia D., 2017, "Misallocation, Selection and Productivity: A Quantitative Analysis with Panel Data from China", *NBER Working Paper*.

[117] Alfaro L., Charlton A., Kanczuk F., 2007, "Plant - Size Distribution and Cross - Country Income Differences", *Ssrn Electronic Journal*, Vol. 5, No. 14060, PP. 243 - 272.

[118] Anderson J. E., 2013, "Government Restrictions for Land and Permits: Firm - Level Evidence on Obstacles to Economic Development in Transition Countries", *Social Science Electronic Publishing*, Vol. 18, No. 1, PP 39 - 54.

[119] Andersson M., 2010, "Cities, agglomeration, and spatial equilibrium", *Papers in Regional Science*, Vol. 88, No. 3, PP 693 - 694.

[120] Banerjee A. V., Moll B., 2010, "Why Does Misallocation Persist?", *American Economic Journal Macroeconomics*, Vol. 2, No. 1, PP 189 - 206.

[121] Bartelsman E., Haltiwanger J., Scarpetta S., 2013, "Cross - Country Differences in Productivity: The Role of Allocation and Selection", *American Economic Review*, Vol. 103, No. 1, PP 305 - 334.

[122] Brandt L., Tombe T., Zhu X., 2013, "Factor market distortions across time, space and sectors in China", *Review of Economic Dynamics*, Vol. 16, No. 1, PP 39 - 58.

[123] Cai H., Henderson J. V., Zhang Q., 2013, "China's Land Market Auctions: Evidence of Corruption?", *The RAND Journal of Economics*, Vol. 44,

No. 3, PP 488 – 521.

[124] Chen T., Kung K. S., 2016, "Do Land Revenue Windfalls Create a Political Resource Curse? Evidence from China", *Journal of Development Economics*, Vol. 123, PP 86 – 106.

[125] Du J., Peiser R. B., 2014, "Land supply, pricing and local governments' land hoarding in China", *Regional Science & Urban Economics*, Vol. 48, No. C, PP 180 – 189.

[126] Duranton G., 2010, "Cities, Agglomeration and Spatial Equilibrium by Edward L. Glaeser", *Journal of Regional Science*, Vol. 49, No. 3, PP 568 – 571.

[127] Duranton G., Ghani S. E., Goswami A. G., Kerr W. R., 2015, "The Misallocation of Land and Other Factors of Production in India", Social Science Electronic Publishing.

[128] Glaeser E. L., Gottlieb J. D., 2009, "The Wealth of Cities: Agglomeration Economies and Spatial Equilibrium in the United States", *Journal of Economic Literature*, Vol. 47, No. 4, PP 983 – 1028.

[129] Glaeser E L, Ward B A., 2009, The causes and consequences of land use regulation: Evidence from greater Boston [J]. *Journal of Urban Economics*, Vol. 65, No. 3, PP 265 – 278.

[130] Guo G., 2009, "China's Local Political Budget Cycles", *American Journal of Political Science*, Vol. 53, No. 3, PP 621 – 632.

[131] Heckman J J, Ichimura H, Todd P. Matching as an Econometric Evaluation Estimator [J]. Review of Economic Studies, 1998, 65 (2): 261 – 294.

[132] Heckman J. J., Ichimura H., Todd P., 1998, "Matching as an Econometric Evaluation Estimator", *Review of Economic Studies*, Vol. 65, No. 2, PP 261 – 294.

[133] Hsieh C. T., Klenow P. J., 2009, "Misallocation and Manufacturing TFP in China and India", *Quarterly Journal of Economics*, Vol. 124, No. 4, PP 1403 – 1448.

[134] Jones C. I., 2013, "Advances in Economics and Econometrics: Misallocation, Economic Growth, and Input – Output Economics".

[135] Kok N., Monkkonen P., Quigley J. M., 2014, "Land use regulations and the value of land and housing: An intra – metropolitan analysis", *Journal of Urban Economics*, Vol. 81, No. 1, PP 136 – 148.

[136] Lichtenberg E., Ding C., 2009, "Local officials as land developers: Urban spatial expansion in China", *Journal of Urban Economics*, Vol. 66, No. 1, PP 57 – 64.

[137] Liu T., Cao G., Yan Y., Wang R. Y., 2016, "Urban land marketization in China: Central policy, local initiative, and market mechanism", *Land Use Policy*, Vol. 57, PP 265 – 276.

[138] Pan J., 2013, "Measuring the Goals and Incentives of Local Chinese Officials", Manuscript, MIT.

[139] Qin Y., Zhu H., Zhu R., 2016, "Changes in the distribution of land prices in urban China during 2007 – 2012", *Regional Science & Urban Economics*, Vol. 57, PP 77 – 90.

[140] Restuccia D., Rogerson R., 2013, "Misallocation and productivity", *Review of Economic Dynamics*, Vol. 16, No. 1, PP 1 – 10.

[141] Restuccia D., Rogerson R., 2008, "Policy distortions and aggregate productivity with heterogeneous establishments", *Review of Economic Dynamics*, Vol. 11, No. 4, PP 707 – 720.

[142] Restuccia D., Santaeulàliallopis R., 2017, "Land Misallocation and Productivity", Social Science Electronic Publishing.

[143] Saiz A., 2010, "The Geographic Determinants of Housing Supply", *Quarterly Journal of Economics*, Vol. 125, No. 3, PP 1253 – 1296.

[144] Shleifer A., Vishny R. W., 2012, "A Survey of Corporate Governance", *The Journal of Finance*, Vol. 52, No. 2, PP 737 – 783.

[145] Shleifer A., Vishny R. W., 1994, "Politicians and Firms", *The Quarterly Journal of Economics*, Vol. 109, No. 4, PP 995 – 1025.

[146] Syverson C., 2011, "What Determines Productivity?", Nber Work-

ing Papers, Vol. 49, No. 2, PP 326 –365.

[147] Ting C., J K KUNG., 2018, "Busting The Princelings': The Campaign Against Corruption In China's Primary Land Market", *Quarterly Journal of Economics*, Forthcoming.

[148] Wu J, Gyourko J, Deng Y. 2012 "Evaluating conditions in major Chinese housing markets" [J]. *Nber Working Papers*, 2012, 42 (3): 531 – 543.

附录

附录A："招拍挂"程序详解

1. 招标拍卖挂牌活动实施——招标①

步骤	实施细则
1.1 投标	市、县国土资源管理部门应当按照出让公告规定的时间、地点组织招标投标活动。投标活动应当由土地招标拍卖挂牌主持人主持进行
1.2 开标	招标人按照招标出让公告规定的时间、地点开标，邀请所有投标人参加。开标应当由土地招标拍卖挂牌主持人主持进行。招标主持人邀请投标人或其推选的代表检查标箱的密封情况，当众开启标箱。标箱开启后，招标主持人应当组织逐一检查标箱内的投标文件，经确认无误后，由工作人员当众拆封，宣读投标人名称、投标价格和投标文件的其他主要内容
1.3 评标	按照价高者得的原则确定中标人的，可以不成立评标小组。按照综合条件最佳者得的原则确定中标人的，招标人应当成立评标小组进行评标。评标小组应当按照招标文件确定的评标标准和方法，对投标文件进行综合评分，根据综合评分结果确定中标候选人。评标小组应当根据评标结果，按照综合评分高低确定中标候选人排序，但低于底价或标底者除外。同时有两个或两个以上申请人的综合评分相同的，按报价高低排名，报价也相同的，可以由综合评分相同的申请人通过现场竞价确定排名顺序。投标人的投标价均低于底价或投标条件均不能够满足标底要求的，投标活动终止
1.4 定标	招标人应当根据评标小组推荐的中标候选人确定中标人。招标人也可以授权评标小组直接确定中标人。按照价高者得的原则确定中标人的，由招标主持人根据开标结果，直接宣布报价最高且不低于底价者为中标人。有两个或两个以上申请人的报价相同且同为最高报价的，可以由相同报价的申请人在限定时间内再行报价，或者采取现场竞价方式确定中标人
1.5 发出《中标通知书》	确定中标人后，招标人应当向中标人发出《中标通知书》，并同时将中标结果通知其他投标人

① 国土资源部2002年十一号令《招标、拍卖、挂牌出让国有土地使用权规定》。

2. 招标拍卖挂牌活动实施——拍卖①

步骤	实施细则
2.1 组织拍卖	市、县国土资源管理部门应当按照出让公告规定的时间、地点组织拍卖活动。拍卖活动应当由土地招标拍卖挂牌主持人主持进行
2.2 拍卖会	拍卖会按下列程序进行：(1) 拍卖主持人宣布拍卖会开始；(2) 拍卖主持人宣布竞买人到场情况。设有底价的，出让人应当现场将密封的拍卖底价交给拍卖主持人，拍卖主持人现场开启密封件；(3) 拍卖主持人介绍拍卖地块的位置、面积、用途、使用年限、规划指标要求、建设时间等；(4) 拍卖主持人宣布竞价规则；拍卖主持人宣布拍卖宗地的起叫价、增价规则和增价幅度，并明确提示是否设有底价。在拍卖过程中，拍卖主持人可根据现场情况调整增价幅度。(5) 拍卖主持人报出起叫价，宣布竞价开始；(6) 竞买人举牌应价或者报价；(7) 拍卖主持人确认该竞买人应价或者报价后继续竞价；(8) 拍卖主持人连续三次宣布同一应价或报价而没有人再应价或出价，且该价格不低于底价的，拍卖主持人落槌表示拍卖成交，拍卖主持人宣布最高应价者为竞得人。成交结果对拍卖人、竞得人和出让人均具有法律效力。最高应价或报价低于底价的，拍卖主持人宣布拍卖终止
2.3 签订《成交确认书》	确定竞得人后，拍卖人与竞得人当场签订《成交确认书》。拍卖人或竞得人不按规定签订《成交确认书》的，应当承担法律责任。竞得人拒绝签订《成交确认书》也不能对抗拍卖成交结果的法律效力。《成交确认书》应包括拍卖人与竞得人的名称，出让标的，成交时间、地点、价款，以及双方签订《国有土地使用权出让合同》的时间、地点等内容。《成交确认书》对拍卖人和竞得人具有法律效力，拍卖人改变拍卖结果的，或者竞得人不按约定签订《国有土地使用权出让合同》、放弃竞得宗地的，应当承担法律责任。拍卖过程应当制作拍卖笔录

3. 招标拍卖挂牌活动实施——挂牌②

步骤	实施细则
1. 公布挂牌信息	在挂牌公告规定的挂牌起始日，挂牌人将挂牌宗地的位置、面积、用途、使用年期、规划指标要求、起始价、增价规则及增价幅度等，在挂牌公告规定的土地交易地点挂牌公布。挂牌时间不得少于10个工作日
2. 竞买人报价	符合条件的竞买人应当填写报价单报价。有条件的地方，可以采用计算机系统报价
3. 确认报价	挂牌主持人确认该报价后，更新显示挂牌价格，继续接受新的报价。有两个或两个以上竞买人报价相同的，先提交报价单者为该挂牌价格的出价人

①② 国土资源部2002年十一号令《招标、拍卖、挂牌出让国有土地使用权规定》。

续表

步骤	实施细则
4. 挂牌截止	挂牌截止应当由挂牌主持人主持确定。设有底价的，出让人应当在挂牌截止前将密封的挂牌底价交给挂牌主持人，挂牌主持人现场打开密封件。在公告规定的挂牌截止时间，竞买人应当出席挂牌现场，挂牌主持人宣布最高报价及其报价者，并询问竞买人是否愿意继续竞价。4.1 挂牌主持人连续三次报出最高挂牌价格，没有竞买人表示愿意继续竞价的，挂牌主持人宣布挂牌活动结束，并按下列规定确定挂牌结果：（1）最高挂牌价格不低于底价的，挂牌主持人宣布挂牌出让成交，最高挂牌价格的出价人为竞得人；（2）最高挂牌价格低于底价的，挂牌主持人宣布挂牌出让不成交。4.2 有竞买人表示愿意继续竞价的，即属于挂牌截止时有两个或两个以上竞买人要求报价的情形，挂牌主持人应当宣布挂牌出让转入现场竞价，并宣布现场竞价的时间和地点，通过现场竞价确定竞得人
5. 现场竞价	现场竞价应当由土地招标拍卖挂牌主持人主持进行，取得该宗地挂牌竞买资格的竞买人均可参加现场竞价。现场竞价按下列程序举行：（1）挂牌主持人应当宣布现场竞价的起始价、竞价规则和增价幅度，并宣布现场竞价开始。现场竞价的起始价为挂牌活动截止时的最高报价增加一个加价幅度后的价格。（2）参加现场竞价的竞买人按照竞价规则应价或报价。（3）挂牌主持人确认该竞买人应价或者报价后继续竞价。（4）挂牌主持人连续三次宣布同一应价或报价而没有人再应价或出价，且该价格不低于底价的，挂牌主持人落槌表示现场竞价成交，宣布最高应价或报价者为竞得人。成交结果对竞得人和出让人均具有法律效力。最高应价或报价低于底价的，挂牌主持人宣布现场竞价终止。在现场竞价中无人参加竞买或无人应价或出价的，以挂牌截止时出价最高者为竞得人，但低于挂牌出让底价者除外
6. 签订《成交确认书》	确定竞得人后，挂牌人与竞得人当场签订《成交确认书》。挂牌人或竞得人不按规定签订《成交确认书》的，应当承担法律责任。竞得人拒绝签订《成交确认书》也不能对抗挂牌成交结果的法律效力。挂牌过程应当制作挂牌笔录

附录 B：2017 年土地出让金收入科目内容

科目编码				科目名称	说明
类	款	项	目		
103	01	48		国有土地使用权出让收入	反映不含计提和划转部分的国有土地使用权出让收入
			01	土地出让价款收入	地方收入科目。反映以指标、拍卖、挂牌和协议方式出让国有土地使用权所确定的成交价款、扣除财政部门已经划转的国有土地收益基金和农业土地开发资金后的余额。按规定计提教育资金、农田水利建设资金后，该科目发生额需相应调减

续表

科目编码				科目名称	说明
类	款	项	目		
103	01	48	02	补缴的土地价款	地方收入科目。反映划拨国有土地使用权转让或依法利用原划拨土地进行经营性建设应当补缴的土地价款、变现处置低价划拨国有土地使用权应当补缴的土地价款、转让房改房和经济适用住房等按照规定应当补缴的土地价款以及出让国有土地使用权改变土地用途和容积率等土地使用条件应当补缴的土地价款
			03	划拨土地收入	地方收入科目。反映土地使用者以划拨方式取得国有土地使用权、依法向市、县人民政府缴纳的土地补偿费、安置补助费、土地附着物和青苗补偿费、拆迁补偿费等费用
			98	缴纳新增建设用地土地有偿使用费	土地出让收入向中央和省级政府缴纳的新增建设用地土地有偿使用费，以负收入记
			99	其他土地出让收入	地方收入科目。反映国土资源管理部门依法出租国有土地向承租者收取的土地租金收入、出租划拨土地上的房屋应当上缴的土地收益等其他土地出让收入

附录 C：2017 年土地出让金支出科目内容

科目编码				科目名称	说明
类	款	项	目		
212	08			国有土地使用权出让收入及对应专项债务收入安排的支出	反映用不含计提和划转部分的国有土地使用权出让收入及对应专项债务收入安排的支出。不包括市县级政府当年按规定用土地出让收入向中央和省级政府缴纳新增建设用地土地有偿使用费支出
		01		征地和拆迁补偿支出	反映地方人民政府在征地和收购土地过程中支付的土地补偿费、安置补助费、地上附着物和青苗补偿费、拆迁补偿费支出

续表

科目编码				科目名称	说明
类	款	项	目		
212	08	02		土地开发支出	反映地方人民政府用于前期土地开发性支出以及与前期土地开发相关的费用等支出
		03		城市建设支出	反映土地出让收入用于完善国有土地使用功能的配套设施建设和城市基础设施建设支出
		04		农村基础设施建设支出	反映土地出让收入用于农村饮水、环境、卫生、教育以及文化等基础设施建设支出
		05		补助被征地农民支出	反映土地出让收入用于补助被征地农民社会保障支出以及保持被征地农民原有生活水平支出
		06		土地出让业务支出	反映土地出让收入用于土出让业务费用的开支
		07		廉租住房支出	反映从土地出让收入中安排用于城镇廉租住房建设和保障方面的支出
		09		支付破产或改制企业职工安置费	反映从土地出让收入中安排用于改制企业职工安置的支出
		10		棚户区改造支出	反映土地出让收入按规定用于城市和国有工矿棚户区改造的支出
		11		公共租赁住房支出	反映从土地出让净收益中安排用于发展公共租赁住房方面的支出
		13		保障性住房租金补贴	反映用土地出让收益向低收入住房保障家庭发放的租赁补贴支出
		99		其他国有土地使用权出让收入安排的支出	反映土地出让收入用于其他方面的支出。不包括市县级政府当年按规定用土地出让收入向中央和省级政府缴纳的新增建设用地土地有偿使用费的支出

附录 D：部分章节的稳健性检验结果

表 D1　　　　第五章的稳健性检验结果

VARIABLES	一般公共预算收入	税收收入	企业所得税收入	增值税收入	增值税占比
stl	-26.08 (22.98)	-42.50 (63.68)	-11.04 (18.07)	-9.490 (14.53)	-0.00156 (0.00325)
l1stl	-26.54 (19.80)	-8.714 (54.86)	-14.08 (15.57)	-13.23 (12.52)	-0.00575** (0.00280)

续表

VARIABLES	一般公共预算收入	税收收入	企业所得税收入	增值税收入	增值税占比
l2stl	-19.72 (21.59)	-6.121 (59.82)	-19.70 (16.98)	-14.91 (13.65)	-0.00492 (0.00304)
l3stl	-25.98 (19.62)	9.164 (54.36)	0.779 (15.43)	1.570 (12.41)	-0.000197 (0.00277)
l4stl	-33.53** (14.98)	-36.25 (41.52)	-4.736 (11.78)	-2.963 (9.476)	-0.000159 (0.00211)
l5stl	-20.14 (14.42)	12.92 (39.97)	0.736 (11.34)	4.390 (9.123)	0.000811 (0.00204)
LF	9.76e-05 (0.000330)	0.00390*** (0.000914)	0.000436* (0.000259)	0.000651*** (0.000209)	5.67e-08 (4.66e-08)
l2gdpper	0.372*** (0.0433)	0.0232 (0.120)	-0.134*** (0.0340)	-0.0490* (0.0274)	-7.66e-06 (6.11e-06)
l2open	5.866 (21.11)	-14.00 (58.50)	12.76 (16.60)	2.426 (13.35)	-0.000828 (0.00297)
l2gdp1	215.7 (11108)	-17045 (30785)	-2811 (8737)	-691.5 (7026)	0.190 (1.569)
lnk	-22476*** (3848)	11404 (10666)	10305*** (3027)	7816*** (2434)	1.888*** (0.536)
lnpopu	-1100 (7759)	-13164 (21505)	-715.5 (6103)	-1275 (4908)	-0.662 (1.092)
lngdp	21873*** (3553)	10155 (9848)	-2786 (2795)	-1575 (2248)	
City	YES	YES	YES	YES	YES
Year	YES	YES	YES	YES	YES
Constant	102929 (71459)	-17035 (198049)	-53930 (56206)	-39404 (45201)	-7.834 (10.08)
Obs	712	712	712	712	712
citycode	251	251	251	251	251

注：括号内为稳健标准误，* 为显著性水平，*** $p<0.01$，** $p<0.05$，* $p<0.1$。

表 D2 第六章的稳健性检验结果

VARIABLES	GDP 增长速度	工业总产值	非房固定资产投资	就业
stl	-0.00771 (0.0149)	-337.0 (332.3)	-174.8 (128.2)	-0.000879 (0.00114)
l1stl	-0.0276** (0.0132)	-613.6** (293.6)	-285.7** (113.3)	-0.000625 (0.000995)
l2stl	0.00924 (0.0139)	-355.3 (310.3)	-188.3 (119.7)	0.000532 (0.00106)
l3stl	-0.00867 (0.0124)	-513.0* (275.7)	-182.7* (106.4)	-2.27e-05 (0.000958)
l4stl	-0.00339 (0.00952)	-450.6** (211.8)	-190.2** (81.72)	-0.000659 (0.000729)
l5stl	-0.0209** (0.00883)	-367.7* (196.4)	-96.60 (75.78)	0.000560 (0.000705)
indusland	-0.000236 (0.000363)	-20.07** (8.080)	-6.990** (3.118)	7.21e-06 (2.81e-05)
LF	2.72e-07 (2.11e-07)	0.0116** (0.00470)	0.000142 (0.00181)	2.14e-08 (1.61e-08)
l2gdpper	-2.33e-05 (2.59e-05)	2.824*** (0.576)	0.961*** (0.222)	1.42e-06 (2.14e-06)
l2open	0.0153 (0.0123)	627.9** (274.4)	189.5* (105.9)	-0.00161 (0.00102)
l2gdp1	-11.90* (7.031)	-225409 (156441)	-35467 (60359)	-1.035* (0.543)
lnk	-2.902 (2.421)	-111649** (53875)	111104*** (20786)	0.158 (0.188)
lnlabour	1.763*** (0.595)	41421*** (13234)	2555 (5106)	
lnpopu				0.173 (0.377)
City	YES	YES	YES	YES

续表

VARIABLES	GDP 增长速度	工业总产值	非房固定资产投资	就业
Year	YES	YES	YES	YES
Constant	35.50* (20.18)	1.210e+06*** (449037)	-740781*** (173250)	1.732 (3.476)
Obs	794	794	794	701
citycode	269	269	269	250

注：括号内为稳健标准误，* 为显著性水平，*** p<0.01，** p<0.05，* p<0.1。

附录 E：工业用地出让中的寻租实例——洪世弈案

本附录部分主要参考自新闻和裁判文书网。①

2018 年 4 月 24 日，宁波市中级人民法院一审公开开庭审理了宁波国家高新技术产业开发区管理委员会（宁波新材料科技城管理委员会）原副主任、党工委委员洪世弈受贿、非法倒卖土地使用权一案。2002 年下半年至 2014 年下半年，被告人洪世弈以牟利为目的，伙同他人采用私自买卖方式，倒卖 11918.7 平方米工业用地使用权，非法获利人民币 844.17 万元，应以受贿罪、非法倒卖土地使用权罪追究其刑事责任。

2002 年下半年，陈某为取得工业用地使用权找被告人洪世弈帮忙，洪世弈提出由陈某 1 出面代其受让 10 亩工业用地使用权。2005 年 6 月，陈某 1 以宁波市镇海绿洲新型建材有限公司名义，通过协议出让方式取得位于蛟川街道南洪村面积为 21333 平方米工业用地使用权。陈某 1 将该宗土地中 6458 平方米（9.68 亩）划出留给洪世弈，对其余部分进行规划建设。2008 年 1 月，洪世弈指使周某 1 出面"受让"上述 6458 平方米土地使用权，并向宁波市镇海绿洲新型建材有限公司支付土地转让款 97.41 万元，但未办理过户登记手续，也未开发建设。2014 年下半年，洪世弈指使周某 1 将 6458 平方

① 新闻：http：//www.nbjw.gov.cn/art/2018/4/24/art_8803_2150751.html 裁判文书网：http：//wenshu.court.gov.cn/content/content？DocID=7af9e45a-0702-43bd-a415-a98400ae5737&KeyWord=洪世弈%7C 土地使用权。

米土地使用权，以 730 万元的价格倒卖给宁波市镇海绿洲新型建材有限公司，非法获利 632.59 万元。

2. 2005 年 12 月，宁波汇通金属制品有限公司（后更名为宁波维卡木业科技有限公司）通过协议出让方式取得位于镇海区澥浦镇湾塘村 13820 平方米工业用地使用权。2008 年 4 月，被告人洪世弈指使沈某出面从宁波汇通金属制品有限公司购得闲置的 5460.7 平方米（8.19 亩）工业用地使用权，并支付土地转让款 138.42 万元，但未办理过户登记手续，也未开发建设。2010 年 10 月，洪世弈指使沈某 1 将 5460.7 平方米土地使用权，以 350 万元的价格倒卖给宁波维卡木业科技有限公司，非法获利 211.58 万元。

